EX BIBLIOTHECA
FF. PRÆDICATORUM
S^{ti} JACOBI.

LA VIDA DE LAZARILLO DE TORMES.
Y de sus fortunas y aduersidades.

LA VIE DE LAZARILLE DE TORMES,
Et de ses fortunes & aduersitez.

TRADVCTION NOVVELLE,
Raportée & conferée auec l'espagnol,
Par P. B. Parisien.

A PARIS.

Par NICOLAS & PIERRE BON-
FONS, en leur boutique, au quatriesme pillier de la grand' salle du Palais.
1601
Auec priuilege du Roy.

ADVERTISSEMENT, Au Lecteur.

Mi Lecteur, ie t'offre ici vn present, pour lequel (ou semblable) on ne reçoit ordinairemẽt, qu'vne ingratitude pour recompense. Et neantmoins, sur le recueil que tu en feras, ie veux fonder vne esperance de me rendre (auec le temps) capable de plus haut sujet & d'vne autre, plus digne, entreprise: Ou vne deliberation contraire, de ne te faire plus rien veoir de mes desseins, si tu en condamne le premier, comme indigne. Que si (comme il pourra estre, pour auoir voulu vôler trop tost, auant que les æsles de ma sufisance fussent creües par vne curieuse estude) i'ay lourdement failli en la version de quelques mots, apres l'ancien traducteur de cette mesme œuure, lequel en l'obscurité i'ay faict seruir de lumiere ou d'interpre-

te: Tu l'excuseras s'il te plaist, en consideration de l'ardeur qui m'a poussé à faire si tost sortir ceste traduction de mon estude, pour ne permettre qu'on te representast l'ancienne, Seulle & sans la composition espagnolle: Qui, d'autre costé, n'eust peu s'acorder auec elle, n'ayant tant de chapitres, & au contraire, estant illustrée de beaucoup plus de naifueté que l'ancien traducteur n'exprimoit en la susdite version françoise. Ce que tu iugeras dés le premier feillet, si tu te veux trauailler à conferer ceste traduction à la sienne. Te promettant qu'à la seconde edition i'y auray employé plus de temps & de capacité, si ie m'en puis trouuer digne.

A Dieu

PROLOGVE.

J'Ay trouué bon, que choses tant signalées & paraduenture non iamais ouyès ne veües, vinssent à la conoissance de plusieurs & ne fussent enterrées en la sepulture d'oubli: Puis qu'il pourra estre, qu'aucun qui les lira, y trouuera quelque chose d'agreable, Et que ceux qui n'y regarderont de si pres, s'y delecteront.

Et à ce propos Pline dit, Qu'il n'y a point de liure, pour mauuais qu'il soit, qui ne contienne quelque chose bonne. Y eu mesmemẽt que les gousts

PROLOGO.

YO por bien tengo, que cosas tan senaladas, y por uentura nunca oydas ni vistas, vengan a noticia de muchos, y no se entierren en la sepultura del oluido: pues podria ser que alguno que las lea, halle algo que le agrade, y a los que no ahondaren tanto, los deleyte.

Y a este proposito dize Plinio, que no ay libro, por malo que sea que no tenga alguna cosa buena: Mayormente que

los gustos

les gousts ne sont semblables, mais que, ce que l'un ne mange, est indiscrettement desiré d'un autre. Et nous voions aussi, qu'aucunes choses sont d'aucuns peu estimées, qui ne le sont des autres.

Et à cette raison, aucune chose ne se deuroit rompre ni reputer mauuaise (si elle n'estoit execrable) sans estre à tous communiquée: Mesmement, estant sans dommage, & en pouuant estre tiré aucun fruict.

Pource que s'il n'estoit ainsi, fort peu escriroient pour vn seul, puis que cela ne se faict sans trauail. Mais ils s'atendent pour le labeur qu'ils y ont enduré, d'estre recompen-

los gustos no son todos vnos, mas lo que vno no come, otro se pierde por ello. Y assi vemos cosas tenidas en poco de algunos, que de otros no lo son.

Y esto para que ninguna cosa se deuria romper ni echar a mal, si muy detestable no fuesse, sino que a todos se comunicasse: Mayormente siendo sin perjuizio, y pudiendo sacar della algun fruto.

Porque si assi no fuesse, muy pocos escriuirian para vno solo, pues no se haze sin trabajo: Y quieren ya que lo passan, ser re-
    compen-

compensez, non auec de l'argent, mais en ce que l'on voye & life, leurs œuures, & qu'on leur en rende la loüange meritée. Et à ce propos Ciceron disoit, L'honneur entretient les Arts.

Qui pense que le Soldat qui est le premier de l'eschelle, aye en horreur de plus viure? Non, pour certain. Mais le desir de loüange, le fait se mettre au peril. Et ainsi, est le mesme, és Arts & Lettres.

Le Religieux presche fort bien & est homme qui desire fort le salut des Ames. Mais demandez lui s'il se fasche, quand on lui dit: O que vostre reuerence a merueilleusement bien faict.

compensados, no con dineros, mas con que vean y lean sus obras, y si ay de que se las alaben. Y a este proposito dize Tullio, La honrra cria las Artes.

Quien piensa quel soldado que es primero del escala, tiene mas aborrecido el biuir? No por cierto. Mas el desseo de alabança le haze ponerse al peligro. Y assi en las Artes y lettras es lo mismo.

Predica muy bien el presentado, y es hombre que dessea mucho el prouecho de las animas, mas pregunten a su merced, si le pesa quando le dizen, O que marauillosamente lo ha hecho vuestra reue-

A iiij

faict.

L'on disfamoit iustement Monsieur de telle part, & il donne sa lance à un flatteur, pource qu'il l'auoit loüé d'auoir couru de fort bonnes lances. Qu'eust-il fait s'il eust esté vray?

Et tout va de ceste maniere Or confessant n'estre plus sainct que mes voisins, ie ne me fascheray que tous ceux qui trouueront quelque goust en ce mien stile si grossier, y aient part & s'en resiouissent: Et voient que l'homme vit auec tant de fortunes, perils & aduersitez.

Ie vous suplie Monsieur, de receuoir ce pauure seruice de la main de celui, qui l'eust rendu de plus de merite, si son
pouuoir

stra reuerencia.

Iusto muy ruynmente el señor don Fulano, y dio el sayete de armas al truhan, porque lo loaua de auer lleuado muy buenas lanças. Que hiziera si fuera verdad?

Y todo va desta manera: que confessando yo no ser mas santo que mis vezinos, desta no nada que en este grossero estilo escriuo, no me pesara que ayan parte y se huelguen con ello todos los que en ella algun gusto hallaren: y vean que biue un hombre con tantas fortunas, peligros y aduersidades.

Suplico a vuestra merced, reciba el pobre seruicio de mano de quien lo hiziera mas rico, si su
poder

pouuoir & son desir eus-
sent esté conformes. Et
puis que vous m'auez
escrit, que i'escriue &
recite le cas fort au long,
Il m'a semblé bon de ne
commencer par le mili-
eu, mais dés le commen-
cement. Afin que l'on
aye entiere connoissan-
ce de ma personne, &
aussi afin que ceux qui
ont herité de nobles
estats considerent, com-
bien peu leur en est deu,
puis que la Fortune a
esté partiale auec eux:
Et combien ont fait d'a-
uantage ceux, a qui elle
estant contraire, auec
force & industrie: Ra-
mant, sont arriuez à
bon port.

poder y desseo se confor-
maran. Y pues vuestra
merced escriue, se le es-
criua y relate el caso
muy por extenso, pare-
cio me no tomalle por el
medio, sino del princi-
pio: porque se tenga en-
tera noticia de mi per-
sona, y tambien porque
consideren los que here-
daron nobles estados
quan poco se les deue
pues fortuna fue con
ellos parcial: Y quanto
mas hizieron, los que
siendoles contraria, con
fuerça y maña, reman-
do salieron a buen pu-
erto.

A v

LA VIE DE Lazarille de Tormes. Et de ses fortunes & aduersitez.

LAZARE COMpte sa vie, & de qui il estoit fils.

PVis que vous sçauez, auant toutes choses (Monsieur) que l'on me nomme Lazare de Tormes, fils de Thomé Gonçales & de Anthoinette Perez, naturels de Tejares Bourgade de Salamanque. Ie fus né dedans la riuiere de Tormes, pour laquelle

LA VIDA DE Lazarillo de Tormes. Y de sus fortunas y aduersidades.

CVENTA LAzaro su vida, y cujo hijo fue.

PVes sepa vuestra merced, ante todas cosas, que a mi llaman Lazaro de Tormes, hijo de Thome Gonçales y de Antonia Perez, naturales de Tejares, aldea de Salamanca. Mi nascimiento fue dentro del rio Tormes, por laqual

quelle cauſe ie pris le ſurnom. Et ce fut en ceſte maniere.	qual cauſa tome el ſobre-nombre. Y fue deſta manera.
Mon pere, que Dieu abſolue, auoit charge de voiturer la mouture à vn Moulin qui eſtoit ſur cette riuiere, où i'ay eſté gardemoulin plus de quinze Ans. Et ma mere y eſtant vne nuit enceinte de moy, le mal d'enfanter l'a prit, & m'enfanta en ce lieu. De maniere que ie me peux dire auec verité, né en la riuiere.	Mi padre, que Dios perdone, tenia cargo de proueer vna molienda de vna hazeña que eſta ribera de aquel rio, en laqual fue molinero mas de quinze años. Y eſtando mi madre vna noche en la hazeña preñada de mi tomole el parto, y pario me alli. De manera que có verdad me puedo dezir nacido enel rio.
Du depuis, eſtant aagé de huit ans, l'on impoſa à mon pere, certaines taillades, malicieuſement faictes aux ſacs	Pues ſiendo yo niño de ocho años, achacaron a mi padre ciertas ſangrias mal hechas en los coſtales

A vj

sacs de ceux qui venoiēt moudre. pour lequel cas estāt pris, il ne nia mais confessa le tout, & souffrit persecution par iustice. I'espere en Dieu, qu'il est en Paradis : Puis, que l'Euāgille les nomme bien-heureux.	costales d. los que alli a moler venian: por loqual fue preso, y confesso, y no nego, y padecio persecucion por justicia. Espero en Dios que esta en la gloria, pues el Euangelio los llama bienauenturados.
En ce temps, se faisoit certaine armée contre les Maures, entre lesquels mon pere fut (qui pour l'heure estoit banni pour le desastre ja dit) auec charge de Mulletier d'vn Caualier qui y alla. Et auec son seigneur, comme loïal seruiteur, il finit sa vie:	En este tiempo, se hizo cierta armada contra Moros, entre los quales fue mi padre, que a la sazon estaua desterrado por el desastre ya dicho, con cargo de azemilero de vn cauallero que alla fue: y con su señor, como leal criado, fenecio su vida.
Comme ma mere, vefuç, se veit sans	Mi biuda madre como sin

sans mari & sans suport, elle détermina de s'adjoindre aux bons pour estre du nombre d'iceux, & vint demeurer à la Cité. Et loüa vne maisonnette, & s'entremit d'aprester le manger de certains escholiers, & lauoit la lessiue à certains palefreniers du cómandeur de la Magdelene. De maniere que frequentant les estables, elle & vn homme Maure, de ceux qui guarissoiét les bestes, vindrent en connoissance.	sin marido, y sin abrigo se viesse, determino arrimarse a los buenos, por ser vno dellos: y vinose a biuir a la ciudad, y alquilo vna casilla, y metiase a guisar de comer a ciertos estudiantes, y lauaua la ropa a ciertos moços de cauallos del Comendador dela Magdalena. De manera que fue frequentando las cauallerizas, ella y vn hóbre moreno de aquellos que las bestias curauan, vinieron en conocimiento.
Celui ci s'en venoit aucunes-fois à nostre maison, & s'en alloit au matin.	Este algunas vezes se venia a nuestra casa, y se yua a la mañana:
Autres	Otras

Autres fois se trou-
uoit à la porte, &
sous couleur d'a-
cheter des œufs, en-
troit en la maison.

Au commence-
ment, ie me fachois
auec lui de son en-
trée, & auois pœur,
voïant la couleur &
mauuais geste qu'il
auoit. Mais dés que
ie veis qu'auec sa
venue l'ordinaire
croissoit, ie lui fis
bon visage. Pource
qu'il aportoit tous-
iours du pain, des
morceaux de chair,
& en hiuer, du bois
dequoy nous nous
chauffions.

De maniere que
continuant la pri-
uauté & conuersa-
tion, ma mere vint
à me

Otras vezes de dia
llegaua a la puerta
en achaque de cõ-
prar hueuos, y en-
trauase en la casa.

Yo al principio
de su entrada pesa-
ua me con el, y aui-
ale miedo viendo
el color y mal gesto
que tenia. Mas de
que vi que con su
venida mejoraua
el comer, fuy le
queriẽdo bien: por-
que siempre traya
pan, pedaços de
carne, y enel in-
uierno leña a que
nos calentauamos.

De manera que
continuando la po-
sada y conuersaci-
on, mi madre yno
a dar-

à me donner vn petit Maure fort gentil, lequel ie berçois & aidois à chaufer. Et me refouuient, qu'eftant le noir de mon paraftre ioüant auec le garçonnet, Comme l'enfant voioit ma mere & moi blancs, & lui non; il s'enfuioit de lui auec crainte contre ma mere, & le monftrāt auec le doigt, difoit: Mere, le Loup. Lui, refpondit en riant: O le fils de ribaude.

Ie notay cette parolle de mon petit frere, encores que ie fuffe bien petit: Et dis en moi-mefme: Combien doit il y en auoir par le monde,

a darme vn negrito muy bonito, el qual yo brincaua y ayudaua a calentar. Y acuerdo me que eftando el negro de mi padraftro trebejando con el moçuelo, como el niño via a mi madre y a mi blancos, y a el no: huia del con miedo para mi madre, y feñalando con el dedo, dezia: Madre, coco. Refpondio el riendo, Hideputa.

Yo aunque bien mochado note aquella palabra de mi hermanico, y dixi entre mi: quantos deue de auer enel

mundo

monde,qui s'enfuient des autres, pour ce qu'ils ne se connoissent eux-mesmes.	mundo, que huyen de otros, porque no se veen a si mismos.
Nostre fortune voulut, que la conuersation du Zayde (car ainsi s'apelloit il) paruint aux aureilles du Maistre-d'hostel. Et perquisition faite, descouurit, qu'il desroboit la moitié esgalle de l'orge que l'on lui bailloit pour les bestes: Et poitrails, bois, estrilles, ~~remises~~, & les mantes & lincueils des cheuaux, faisoit perdues. Et quand il n'auoit autre chose, il desferroit les bestes & auec tout ceci acor,	Quiso nuestra fortuna,que la conuersacion del Zayde (que assi se llamaua) llego a oydos del Mayordomo: y hecha pesquisa hallose, que la mitad por medio de la ceuada que para las bestias le dauan hurtaua: y saluados, leña, almohaças, mandiles, y las mantas y lauanas de los cauallos, hazia perdidas: y quando otra cosa no tenia, las bestias desherraua, y con todo esto acudia

acordoit à ma mere pour nourrir mon petit frere.

Ne nous esmerueillôs d'vn Prestre ni d'vn moine, pour ce que l'vn desrobe des pauures, & l'autre de sa maison, pour ses deuotes & pour autant d'aide d'vn autre : quand l'amour incitoit vn pauure esclaue à ce faire.

Et lui prouua l'on autant que ie dis & encores plus, pource qu'ils m'enqueroient auec menasses, & comme enfant ie respondois & descouurois ce que i'en sçauois, auec crainte: Iusqu'à certaines ferreures que

acudia a mi madre, para criar a mi hermanico.

No nos marauillemos de vn clerigo ni de vn frayle, porque el vno hurta delos pobres, y el otro de casa, para sus deuotas, y para ayuda de otro tanto, quando a vn pobre esclauo, el amor le animaua a esto.

Y prouose le quanto digo, y aun mas : porque a mi con amenazas me preguntauan: y como niño respondia y descubria quanto sabia con miedo, hasta ciertas herraduras, que

que par commandement de ma mere, ie vendis à vn Serrurier.

Ils foëtterent & larderét mon triste de parastre: Et imposerent peine par Iustice a ma mere, sous le pseautier acoustumé: qu'elle n'entrast en la maison du susdit Commandeur ni reçeust le miserable Zayde en la sienne.

Pour ne jetter le mâche apres la coignée, la triste s'efforçoit & acomplissoit la sentence. Et pour euiter le peril & s'afranchir des mauuaises langues, s'en alla seruir â ceux qui pour lors logeoient

que por mandado de mi madre a vn herrero vendi.

Al triste de mi padrastro açotaron y pringaron: y a mi madre pusieron pena por justicia sobre el acostumbrado centenario, que en casa del sobredicho Comendador no entrasse, ni al lastimado Zayde en la suïa acogiesse.

Por no echar la soga tras el caldero, la triste se esforço y cumplio la sentencia: y por euitar peligro, y quitarse de malas lenguas, se fue a seruir a los que al presente biuian

oient en la maison de la Solane. Et là endurāt mil importunitez, s'efforça de nourrir mon petit frere, iusques à ce qu'il peust cheminer. Et moy, iusqu'à estre bon petit garçon, qui allois querir du vin & chandelles aux hostes, & tout ce que de plus ils me demādoient.

En ce temps, il vint vn aueugle loger en la maison, lequel aïant iugé que ie serois pour l'adresser, me demāda à ma mere. Et elle me recommanda à lui, lui disant comme i'estois fils d'vn homme de bien, lequel pour acroistre
la

an enel meson dela Solana : y alli padeciendo mil importunidades, se acabo de criar mi hermanico, hasta que supo andar : y a mi, hasta ser buen moçuelo, que yua alos huespedes por vino y candelas, y por lo de mas que me mandauan.

En este tiempo, vino a posar al meson vn ciego, el qual pareciendole que yo seria para adestralle, me pidio a mi madre : y ella me encomendo a el, diziendole como era hijo de vn buen hombre, el qual por ensalçar
la

la foy eſtoit mort en la bataille des Gelues. Et qu'elle ſe confioit en Dieu, que ie ne ſerois pire hõme que mon pere. Et qu'elle le prioit qu'il me traitaſt bien & aduiſaſt pour moy, puis que i'eſtois orphelin.	la ſe, auia muerto en la batalla de los Gelues: y que ella confiaua en Dios, no ſaldria peor hõbre que mi padre: y que le rogaua me trataſſe bien y miraſſe por mi, pues era huerfano.
Il reſpõdit, qu'ainſi le feroit il, & que il me receuoit, non pour garçon, mais pour fils. Et ainſi ie commençay à ſeruir & adreſſer mon nouueau & ancien maiſtre.	El reſpondio que aſſi lo haria, y que me recibia no por moço, ſino por hijo. y aſſi le començe à ſeruir y adeſtrar, a mi nueuo y viejo amo.
Comme nous euſmes eſté quelques iours en Salamanque, paroiſſant à mon maiſtre que la gagne n'eſtoit à ſon contente-	Como eſtuuimos en Salamanca algunos dias, pareciendole a mi amo, que no era la ganancia a ſu conten-

contentemét, il dé-termina d'en sortir. Et quád nous voulusmes partir, ie fus veoir ma mere, & tous deux plorants me donna sa benediction, & dit : Fils ie sçay que ie ne te verray plus : procure d'estre bon, & Dieu te guide. Ie t'ay nourri, & t'ay mis auec bon maistre. Pouruoye toy. Et ainsi m'en retournay vers mon maistre, qui m'attendoit. Nous sortismes de Salamanque, & approchát du Pont, y auoit à l'entrée d'icelui vn animal de pierre qui auoit casi forme de taureau Et	contento, determino yrse de alli. Y quando nos vuimos de partir, yo fuy a ver a mi madre, y ambos llorando me dio su bendicion; y dixo: Hijo, ya se que no te vere mas : procura de ser bueno, y Dios te guie. Criado te he; y con buen amo te he puesto : vale te por ti. Y assi me fuy para mi amo que esperando me estaua. Salimos de Salamanca, y llegando ala puente, esta ala entrada della vn animal de piedra que casi tiene forma de Toro, Y

Et l'aueugle me cómanda que i'aprochasse pres de l'animal; & y estant, me dit: Lazare, joints l'aureille à ce taureau, & tu oiras grád bruit dans icelui.

Ie m'y joigny simplement, le croïant estre ainsi. Et cóme il sentit que i'auois la teste aupres de la pierre, il roidit fort la main & me donne vne si gráde taloche cótre le diable de Taureau, que la douleur de la corne me dura plus de trois iours. Et me dit: Sot, aprens que le garçon d'aueugle a vn point de sçauoir plus que le diable. Et rit fort de la

Y el ciego mandome, que llegasse cerca del animal: y alli puesto, me dixo: Lazaro, llega el oydo a este Toro, y oyras gran ruydo, dentro del.

Yo simplemente llegue, creyendo ser assi. Y como sintio que tenia la cabeça par dela piedra, afirmo rezio la mano y dio me vna gran calabaçada enel diablo del Toro, que mas de tres dias me turo el dolor dela cornada: y dixo me necio, aprende que el moço del ciego vn punto ha de saber mas que el diablo: y rio mucho de la

la tromperie.

Il me sembla que en cet instant ie me départis de la simplicité, en laquelle comme enfant, i'estois endormi. Ie dis en moï mesme: Cestui cy dit vray, qu'il me conuient ouurir l'œil & auiser (puis que ie suis seul) comme ie me sçaurai pouruoir.

Nous cómençasmes nostre chemin & en fort peu de iours il me monstra le jargon. Et cóme il me veit de bon esprit, il s'en resiouit fort, & disoit: Ie ne te puis donner or ni argent, mais ie te monstreray à viure entre les rusez.

la burla.

Pareciome que en aquel instante disperte de la simpleza, en que como niño dormido estaua. Dixe entre mi: Verdad dize este; que me cumple abjuar el ojo y auisar, pues solo soy, y pensar como me sepa valer.

Començamos nuestro camino, y en muy pocos dias me mostro jerigonça: y como me viesse de buen ingenio, holgauase mucho, y dezia: Yo oro ni plata no te lo puedo dar, mas auisos para biuir muchos te mostrage.

fez. Et il fut ainsi, car depuis Dieu celui cy me donna la vie. Et estant aueugle, il m'illumina & adressa en la carriere de viure.

Ie prens plaisir de vous cõpter (Monsieur) ces enfances, pour mõstrer, quelle vertu c'est que les hommes s'esleuent estant bas: & quel vice de se laisser abaisser, estãt hauts

Or retournant au bon de mon aueugle & comptant ses gestes, vous sçaures Monsieur, que depuis que Dieu crea le Monde, aucun n'a esté formé plus fin ni sage. Il estoit vn Aigle en son

re: y fue assi que despues de Dios, este me dio la vida: y siendo ciego me alumbro y adestro en la carrera de biuir.

Huelgo de contar a vuestra merced, estas niñerias: para mostrar quanta virtud sea saber los hombres subir siendo baxos: y dexar se baxar siendo altos, quanto vicio. Pues tornando al bueno de mi ciego, y contando sus cosas: vuestra merced sepa, que desde que Dios crio el mundo, ninguno formo mas astuto ni sagaz. En su oficio era vn aguila.

son ofice.

Il sçauoit cent & tant d'oraisons par chœur. Vn ton bas, reposé & fort penetrant qui faisoit resonner l'Eglise où il prioit. Vn visage humble & deuot, qu'auec vn fort bon maintien il côtrefaisoit quand il prioit sans faire gestes ny trongnes auec bouche ni ieux, comme autres ont acoustumé de faire.

Outre ceci, il auoit autres mill' formes & manieres pour tirer l'argent. Il disoit sçauoir oraisôs pour plusieurs & diuers effects. Pour femmes qui n'enfantent point. Pour celles

Aguila.

Ciento y tantas oraciones sabia de coro: vn tono baxo reposado y muy sonable, que hazia resonar la Yglesia donde rezaua. Vn rostro humilde y deuoto, que con muy buen continente ponia quando rezaua, sin hazer gestos ni visajes, con boca ni ojos, como otros suelen hazer.

Allende desto, tenia otras mil formas y maneras para sacar el dinero. Dezia saber oraciones para muchos y diuersos efectos: Para mugeres que no parian. Para las

B.

celles qui en estoiét en trauail. Pour celles qui estoient mal mariées, que leurs maris les aimassent.	las que estauan de parto. Para las que eran mal casadas, que sus maridos las quisiessen bien.
Il pronostiquoit aux enceintes, si elles portoient fils ou fille. Puis en cas de medecine, il disoit Galien n'en auoir sçeu la moitié tant que lui: Pour dents, desuoiements, mals de matrice.	Echaua pronosticos alas preñadas, si trayan hijo o hija. Pues en caso de medicina, dezia Galeno no supo la mitad que el, para muelas, desmayos, males de madre.
Finalement, nul ne lui disoit souffrir aucune passion, que incontinent ne lui dit: Faites ceci, vous feres cest autre, cueillez telle herbe, prenez celle racine.	Finalmente, nadie le dezia padecer alguna passion, que luego no le dezia: Hazed esto, hareys estotro, cosed tal yerua, tomad tal rayz.
Auec ceci, il tiroit tout le monde apres lui, & specialement les	Con esto andauase todo el mundo tras el, especialmente mugeres

les femmes, qui en croyoient autant qu'il leur disoit.

D'icelles il tiroit de grands profits auec les artifices que ie dis, & gangnoit plus en vn mois que cent aueugles en vn An. Mais ie desire que vous sçachies, Monsieur, qu'auec tout ce qu'il acqueroit & auoit, ie ne veis iamais homme tant auare ni si taquin: Tant, qu'il me tuoit de famine, & ainsi ne me fournissoit de ce qui m'estoit necessaire.

Ie dis verité. Si auec ma meschâceté & bonnes cautelles ie n'eusse sçeu me remedier, plusieurs fois

mugeres, que quanto les dezia creyan.

Destas sacaua el grandes prouechos con las artes que digo, y ganaua mas en vn mes, que cen ciegos en vn año. Mas tambien quiero que sepa vuestra merced, que con todo lo que adquiria y tenia, jamas tan auariento ni mezquino hombre no vi tanto que me mataua a mi de hambre, y assi no me remediaua de lo necessario.

Digo verdad; si con mi sortileza y buenas mañas no me supiera remediar, muchas vezes

B ij

fois ie fuſſe mort de
faim, mais auec tout
ſon ſçauoir & aduis
ie le côtreminois de
telle ſorte, que tous
iours ou le plus ſou-
uent, m'eſchéoit le
plus & meilleur.
Pour ceci, ie lui fai-
ſois des tromperies
endiablées, deſquel-
les i'en conterai au-
cunes, encores que
non toutes à mon
auantage.

Il portoit le pain
& toutes les autres
choſes en vn farde-
au de toille, qui ſe
fermoit par la bou-
che auec vne bou-
cle de fer & ſon ca-
denas & clef. Et au
mettre des choſes
& les tirer, c'eſtoit
auec telle vigilance
&

vezes me finara de
hambre. Mas con
todo ſu ſaber y aui-
ſo, le contreminaua
de tal ſuerte, que
ſiempre, o las mas
vezes, me cabia lo
mas y mejor.
Para eſto le hazia
burlas endiabladas
delas quales con-
tare algunas, aun-
que no todas à mi
ſaluo.

El traya el pan y
todas las otras co-
ſas en vn fardel
de lienço, que por
la boca ſe cerraua
con vna argolla
de hierro y ſu can-
dado y llaue: y al
meter delas coſas
y ſacarlas, era con
tanta vigilancia,
y

& compte si estroit, que tout le monde n'eust peu lui en faire vne mie moins.

Mais ie prenois cette portion qu'il me dónoit, laquelle en moins de deux bouchées, estoit dépeschée.

Depuis qu'il fermoit le cadenas & se détournoit, pensant que ie fusse ententif en autres choses : par vn peu de cousture que plusieurs fois ie décousois & retournois à coudre d'vn coing du fardeau, i'ouurois l'auare fardeau : tirant, non par taux : pain, mais bōs morceaux, carbonades, & andouille.

Et | y tan por cōtadero, que no bastara todo el múdo hazerle menos vna migaja.

Mas yo tomaua aquella lazeria que el me daua, laqual en menos de dos bocados era despachada.

Despues que cerraua el candado y se descuydaua, pensando que yo estaua entendiendo en otras cosas, por vn poço de costura que muchas vezes del vn lado del fardel descosia y tornaua a coser, sangraua el auariento fardel, sacando, no por tassa pan, mas buenos pedaços, torresnos y longaniza.

Y |

B iij

Et ainſi ie cherchoy temps conuenable pour refaire, non la chaſſe, ſinon la fau-teendiablée que le meſchant aueugle me cauſoit.

Tout ce que ie lui pouuois atraper & deſrober, ie le por-tois en demies blanques. Et quãd ils lui cõmandoient prier & lui dõnoient des blanques (cõme il eſtoit priué deveüe) celui qui l'a lui don-noit ne l'auoit laſ-chée, quãd ie l'a te-nois lancée en la bouche & la demie apareillée, que pour viſte qu'il tendoit la main, elle eſtoit, de mon chãge, anichi-lée en la moitié du

iuſte

Y aſſi buſcaua con-ueniente tiempo para rehazer, no la chaça, ſino la endi-ablada falta que el mal ciego me fal-taua.

Todo lo que po-dia ſiſar y hurtar, traya en medias blancas: y quan-do le mandauan rezar y le dauan blancas; como el carecia de viſta, no auia el que ſe la daua amagado con ella, quando yo la tenia lança-da en la boca y la media aparejada, que por preſto que el echaua la mano, ya yua de mi cam-bio anichilada en la mitad del

juſto

iuste prix.

Le meschāt aueugle se plaingnit à moy, pource qu'au taster, incontinent connoissoit & sentoit, que la blanque n'estoit entiere. Et disoit : Que diable est cecy? que depuis que tu es auec moy, on ne me donne sinon des demies blāques, & au parauāt vne blanque ou vn marauedis me payoient plusieurs fois: En toi doit estre ceste desfortune.

Aussi abregeoit il la priere, & n'acheuoit la moitié de l'oraison. Pource m'auoit il aduerti, que celui qui lui auoit commandé la priere

justo precio.

Quexa vase me el mal ciego, porque al tiento luego conocia y sentia, que no era blanca entera. Y dezia : Que diablo es esto, que despues que comigo estas, no me dan sino medias blancas : y de antes vna blanca y vn marauedi, hartas vezes me pagauan. En ti deue estar esta desdicha.

Tambien el abreuiaua el rezar, y la mitad dela oracion no acabaua, porque me tenia mandado, que en yendose el que la mandaua

B iiij

priere s'en allant, ie le tirasse par le bout du chapperon: Et ie le faisois ainsi. Incontinent il retournoit à s'escrier, disant: Qui veut faire dire telle & telle oraison. Comme ils ont acoustumé de dire.

Il auoit coustume de mettre pres de soy vn petit pot de vin quád nous mangions, & ie le saisissois fort habilemét & lui donnois vne paire de baisers muets, & le remettois en son lieu.

Mais cela me dura peu, car il connoissoit la fourbe aux traites. Et pour reseruer son vin à sauueté,

daua rezar, le tirasse por cabo del capuz. Yo assi lo hazia. Luego el tornaua a dar bozes, diziendo: Mandan rezar tal y tal oracion: como suelen dezir.

Vsaua poner cabe si vn jarrillo de vino quando comiamos: yo muy de presto le asia y daua vn par de besos callados, y tornauale a su lugar.

Mas turome poco, que en los tragos conocia la falta: y por reseruár su vino a saluo,

ueté, iamais depuis il n'abandonnoit le pot, ains le tenoit saisi par l'anse.

Mais il n'auoit de la pierre d'aimant (qui attire aussi à soi) comme moi, auec vne lõgue paille de seigle, que i'auois faite pour ce besoin. Laquelle mettant en la bouche du pot, humant le vin, ie le laissois à bonnes nuitées. mais comme le traistre fust si rusé, ie pense qu'il me sentit: Et deslors en auant, chãge d'auis, & asséoit son pot entre les iambes, & le couuroit auec la main, & ainsi beuuoit seurement.

Moi

uo, nunca despues desamparaua el jarro, antes lo tenia por el asa asido.

Mas no auia piedra yman, que assi traxesse a si, como yo con vna paja larga de centeno, que para aquel menester tenia hecha: la qual metiendola en la boca del jarro, chupando el vino, lo dexaua a buenas noches: mas como fuesse el traydor tan astuto, pienso que me sentio, y dende en adelante mudo proposito, y assentaua su jarro entre las piernas, y atapauale con la mano, y assi beuia seguro.

Yo

B v

Moï, comme i'e-
stois fait au vin, ie
mourois pour lui.
Et voïant que ce re-
mede de la paille ne
me profitoit ni va-
loit, ie resolus de
lui faire vne petite
fente & trou subtil
au fonds du pot, &
l'étoupper delicate-
ment auec vne fort
deliée vis de cire. Et
au temps de māger,
faignāt auoir froid,
ie me mettois entre
les jambes du pau-
ure aueugle, pour
me chauffer en la
pauurette lumiere
que nous auions. Et
à la chaleur d'icelle,
incōtinent la cire se
fondoit, pour estre
fort mince. La peti-
te fente cōmençoit
à

Yo como estaua
hecho al vino, mo-
ria por el: y vien-
do que aquel re-
medio dela paja no
me aprouechaua ni
valia, acorde en el
suelo del jarro ha-
zerle vna fuente-
zilla y agujero su-
til, y delicadamente
con vna muy delga-
da tortilla de cera
taparlo: y al tiempo
de comer (singien-
do auer frio) entra-
ua me entre las pi-
ernas del triste cie-
go a calentarme en
la pobrezilla lum-
bre que teniamos:
y al calor della lue-
go derretida la ce-
ra, por ser muy po-
ca: començaua la
fuentezilla
a

à me distiller en la bouche, laquelle ie mettois de telle maniere, que maudite la goutte qui se perdoit.

Quand le pauuret alloit pour boire, il ne trouuoit rien. Il s'estonnoit, se maudissoit, donnoit au diable le pot & le vin, ne sçachãt que ce pouuoit estre.
Vous ne dires, Oncle, que ie l'ay beu, (disois ie) puis que ne l'auez quitté de la main.

Il donna tant de voltes & tatonnemens au pot, qu'il trouua la fente & s'aduisa de la facetie. Mais il le dissimula ainsi, comme s'il

a destilarme en la boca, la qual yo de tal manera ponia, que maldita la gota se perdia.

Quando el pobreto yua a beuer, no hallaua nada: espantauase, maldeziase, daua al diablo el jarro y el vino, no sabiendo que podia ser.
No direys, Tyo, que os lo beuo; yo dezia, pues no le quitays dela mano.

Tantas bueltas y tientos tio al jarro, que hallo la fuente y cayo en la burla: Mas assi lo dissimulo, como si

C vj

s'il ne l'eust point senti.

Et incontinent, me tenāt le lendemain, resucçant mon pot comme ie soulois, ne préméditant le dommage qui m'estoit appareillé, ni que le mauuais aueugle me sentoit: ie m'assis comme de coustume, estant à receuoir ces douces traites, ma face mise vers le Ciel, les ieux vn peu fermez pour mieux goûter la sauoureuse liqueur.

Le desesperé aueugle sent, qu'il auoit à l'heure temps de prendre vangeance de moi. Et auec toute sa force, leuant auec

si no lo vuiera sentido.

Y luego otro dia, teniendo yo reçumando mi jarro, como solia, no pensando el daño que me estaua aparejado, ni que el mal ciego me sentia: sente me como solia, estando recibiendo aquellos dulces tragos, mi cara puesta hazia el Cielo, vn poco cerrados los ojos, por mejor gustar el sabroso liquor.

Sintio el desesperado ciego, que agora tenia tiempo de tomar de mi vengança: y con toda su fuerça alçando con

auec deux mains ce
doux & amer pot, le
laiſſe cheoir ſur ma
bouche, y aidant,
comme ie dis, auec
tout ſon pouuoir.
De maniere que le
pauure Lazare, qui
de rien de ſembla-
ble ne ſe gardoit,
ains eſtoit, comme
autresfois, ſans ſou-
ci & bien aiſe. Veri-
tablemét il me ſem-
bla, que le ciel auec
tout ce qu'il conti-
ent, m'eſtoit cheu
ſur la teſte.

Le petit coup fut
tel, qu'il me troubla
& tira de ſentimét:
Et le petit pot d'au-
tant grand, que les
pieces d'icelui me
couuirent la fa-
ce, me l'a rompant
par

con dos manos a-
quel dulce y amar-
go jarro, le dexo
caer ſobre mi boca,
ayudandoſe como
digo, con todo ſu
poder: De manera
que el pobre Laza-
ro, que de nada
deſto ſe guardaua,
antes como otras
vezes eſtaua de-
ſcuidado y gozoſo:
verdaderamète me
parecio, que el Cie-
lo con todo lo que
enel ay, me auia ca-
ydo en cima.

Fue tal el gozpe-
zillo, que me deſa-
tino y ſaco de ſen-
tido: y el jarrazo
tan grande, que los
pedaços del ſe me
metieró por la cara,
rompiendo me la
por

par plusieurs parties. Et me rompit les dents, sans lesquelles ie demeure iusqu'auiourd'huï.

Dés ceste heure, ie voulus mal au meschant aueugle. Et encores qu'il m'aimoit, & amignardoit & me pensoit, ie veï bien qu'il s'étoit resiouy du cruel chastiement.

Il me lauoit auec du vin les fandasses qu'il m'auoit faites auec les pieces du pot, & soufriant disoit: Que te semble Lazare, celui qui t'a nauré, te guarit & donne salut. Et autres railleries qui n'estoient à mon goust.

Comme

por muchas partes y me quebro los dientes, sin los quales hasta oy dia me quede.

Desde aquella hora quise mal al mal ciego, y aunque me queria, y regalaua, y me curaua, bien vi que se auia holgado del cruel castigo.

Lauo me con vino las roturas que con los pedaços del jarro me auia hecho: y sonrriendose dezia: Que te parece Lazaro, lo que te enfermo te sana y da salud: y otros donayres que a mi gusto no lo eran.

Ya

Comme ie fus de-
mi guari de ma noi-
re enfleure & meur-
trisseures, conside-
rant qu'auec peu de
tels coups le cruel
aueugle espargne-
roit de moy, ie vou-
lus espargner de lui.
Mais ie ne le fis si
promptemét, pour
le faire plus à mon
salut & profit.

Encores que i'eus-
se voulu appaiser
mon courage & lui
pardonner le coup
de pot, le mauuais
traitement que le
meschant aueugle
me faisoit dés là en
auant, n'y donnoit
lieu. Car sans cause
ni raison me frap-
poit, me dónant des
horrions & me re-
pelant

Ya que estuue
medio bueno de mi
negra trepa y car-
denales, conside-
rando que a pocos
golpes tales, el cru-
el ciego ahorraria
de mi, quise yo
ahorrar del : mas
no lo hize tan pre-
sto, por hazello
mas a mi saluo y
prouecho.

Aunque yo qui-
siera assentar mi
coraçon y perdo-
nalle el jarrazo, no
daua lugar el mal
tratamiento que el
mal ciego desde
alli adelante me
hazia : que sin cau-
sa ni razon me he-
ria, dandome cox-
corrones y re-
pelando

pelant. Et si aucun lui disoit pourquoi il me traitoit si mal, incontinent comptoit le compte du pot, disant : Vous pensez que ce mien garçõ, soit quelque innocent : Or oyez si le Diable côtrouueroit autre telle faciende.

Ceux qui l'oyoient, disoient en se signant : Voyez, qui penseroit d'vn garçonnet si petit, telle malice. Et rioient fort de l'artifice, & lui disoiét: Chastiez chastiez le, car vous en seres recópensé de Dieu. Et lui auec cela : iamais ne faisoit autre chose. Et en ceci ie le menois
&

pelandome. Y si alguno le dezia, porque me trataua tan mal, luego contaua el cuento del jarro, diziendo: Pensáys que este mi moço es algun innocente, pues oid si el demonio ensayara otra tal hazaña.

Santiguandose los que lo oyan, dezian : Mira quien pensara de vn mochado tan pequeño tal ruyndad. Y reyan mucho el artificio, y dezianle: Castigaldo, castigaldo, que de Dios lo aureys. Y el con aquello, nunca otra cosa hazia: y en esto yo siempre le lleuaua

& adressois tous-
jours par les pires
chemins, pour lui
faire mal & dõma-
ge. S'il y auoit des
pierres, par icelles,
Si du bourbier, par
le plus haut. Car en-
cores que ie n'alasse
par le plus essuié, ie
me resiouissois de
me creuer vn œil,
pour en creuer deux
à celui qui n'en a-
uoit point.

Auec cecy, tous-
iours auec le bout
des doigts m'atou-
choit le derriere de
la teste, lequel ie
portois tousiours
plein d'appoulles, &
pelé de ses mains.

Et encor' que ie
iurois de ne le faire
auec malice; sinon
pour

ua por los peores
caminos, y adrede
por le hazer mal
y daño: si auia pie-
dras, por ellas: si
lodo, por lo mas
alto, que aunque
yo no yua por lo
mas enxuto: Hol-
gauame a mi, de
quebrar vn ojo,por
quebrar dos al que
ninguno tenia.

Con esto, siem-
pre conel cabo al-
to del tiento, me
atentaua el colo-
drillo, el qual siem-
pre traya lleno de
tolondrones y pe-
lado de sus manos.

Y aunque yo iu-
raua no lo hazer
con malicia, sino
por

pour ne trouuer meilleur chemin: cela ne me profitoit ni ne me croioit: Mais tel estoit le sentiment & le tres-grãd entendement du traistre.

Et afin que vous voïés, monsieur, iusqu'où s'estêdoit l'esprit de ce cauteleux aueugle: ie conteraï vn cas (de plusieurs qui me sont suruenus auec luÿ) Auquel il me semble que ie dõneraï bien à entendre sa grande finesse.

Quand nous sortismes de Salamanque, son motif fut de venir au pays de Tolede: pourcequ'il disoit le peuple en estre

por no hallar mejor camino, no me aprouechaua ni me creya: mas tal era el sentido y el grandissimo entendimiento del traydor.

Y porque vea vuestra merced, a quanto se estendia el ingenio deste astuto ciego: contare vn caso de muchos que con el me acaecieron, en el qual me parece dio bien a entender su gran astucia.

Quando salimos de Salamanca, su motiuo fue venir a tierra de Toledo, porque dezia ser la gente

mas

estre plus riche, encores que non fort aumosnier. Il s'appuyoit à ce Prouerbe : *Plus donne le dur que le desnué.* Et vinsmes à ce chemin par les meilleurs lieux. Où ie trouuois bōs recueils & gaings, nous y sejournions. Où non, au troisiesme iour nous faisions Sainct Iean.

Il aduint qu'aprochant d'vn Village qu'ils apellent *Almorox*, au téps qu'ils cueillent les raisins: vn vandangeur lui donna vne grappe d'iceux en aumosne. Et cōme les paniers ont coustume d'estre mal traitez, & aussi pource que
la

mas rica, aunque no muy limosnera. Arrimauase a este refran, *Mas da el duro que el desnudo.* Y venimos a este camino por los mejores lugares : donde hallaua buena acogida y ganancia, deteniamonos: Donde no, a tercero dia haziamos sant Iuan.

Acaecio que llegando a vn lugar que llaman *Almorox*, al tiempo que cogian las vuas : vn vendimiador le dio vn razimo dellas en limosna : y como suelen yr los cestos mal tratados, y tambien porque
la

la grape estoit fort meure en ce temps, le raisin s'esgrenoit en la main. Pour le jetter dans le fardeau, il se tournoit en moust, & ce qui lui eust atouché. Il accorde de faire vn banquet, tant pour ne le pouuoir porter, côme pour me contenter: Car ce iour il m'auoit donné plusieurs horrions & coups.

Nous nous asseismes en vn val, & il me dit: Maintenant ie veux vser auec toi d'vne liberalité: & est, que nous mágions ensemble cette grape de raisins, & que tu en aye telle part comme moi

l'a

la vua en aquel tiempo esta muy madura: desgranauase le el razimo en la mano: Para echar lo en el fardel, tornauase mosto, y de lo que a el se llegaua: acordo de hazer vn banquete, assi por no lo poder lleuar, como por contentarme: que aquel dia me auia dado muchos rodillazos y golpes.

Sentamo nos en vn valladar, y dixo: Agora quiero yo vsar contigo de vna liberalidad: y es, que ambos comamos este razimo de vuas, y que ayas del tanta parte como yo,

partillo

l'a partissant de cette maniere : Tu en prendras vne fois & moï vn autre. Auec côdition que tu me promettes de n'en prendre à chacune fois plus d'vn grain: Et ie feraï le mesme iusqu'à ce que nous l'acheuions. Et de ceste sorte n'i aura tromperie.

L'acord ainsi fait, nous commençasmes : Mais incontinent au secód coup le traistre change d'aduis & cómence à en prendre deux à deux, considerant que ie deurois faire le mesme.

Cóme ie veis qu'il rompoit la condition, ie ne me cótentay

partillo hemos desta manera : Tu picaras vna vez, y yo otra : Con tal que me prometas, no tomar cada vez mas de vna vua: yo hare lo mismo, hasta que lo acabemos, y desta suerte no aura engaño.

Hecho assi el concierto, començamos; mas luego al segundo lance, el traydor mudó proposito, y començo a tomar de dos en dos, considerando que yo deuria hazer lo mismo.

Como vi que el quebraua la postura, no me contente

tay d'aler de pair a-
uec lui, mais enco-
res ie passois en a-
uāt, deux à deux, &
trois à trois; Et cō-
me ie pouuois, ie les
mangeois.

Le raisin acheué,
il fut vn peu auec la
râfe en la main, &
brālant la teste dit:
Lazare, tu m'as trō-
pé: Ie iure Dieu que
tu as mangé les rai-
sins trois à trois.
Excusez moï, di-ie;
mais pourquoï soup
çonnez vous cela?
Le prudent aueugle
respōdit: Sçay tu, en
quoy ie veoy que tu
les as mangez trois
à trois; En ce que ie
les mangeois deux
à deux, & tu te tai-
sois.

te yr a la par con el,
mas aun passaua
adelante dos a dos
y tres a tres: y co-
mo podia, las co-
mia.

Acabado el razi-
mo, estuuo vn poco
con el escobajo en
la mano. y menean-
do la cabeça, dixo:
Lazaro, engañado
me has: jurare yo
a Dios, que has tu
comido las vuas,
tres a tres.
No comi, dixe yo:
Mas porque sospe-
chays esso?
Respondio el saga-
cissimo ciego: Sa-
bes en que veo que
las comiste tres a
tres, en que comia
yo dos a dos, y ca-
llauas.

Ie   Reyme

Ie me ris en moi-
mesme, & encores
que ie fusse ieune, ie
notay fort la dis-
crette cõsideration
de l'aueugle. Mais
pour n'estre prolixe
ie laisserai de com-
pter plusieurs cho-
ses, aussi gracieuses
comme remarqua-
bles, qui m'escheu-
rent auec ce mien
premier maistre: Et
veux dire le dernier
& acheuer auec lui.

Nous estions en
Escalonne, Ville du
Duc d'icelle, & il me
donna en la maison
vn morceau d'an-
douille, que ie le
fisse rostir.

Apres que l'an-
douille eust degou-
té & eust mangé les
rosties

Reyme entre mí,
y aunque mocha-
do, note mucho
la discreta consi-
deracion del cie-
go. Mas por no
ser prolixo, dexo
de contar muchas
cosas, assi graciosas
como de notar, que
con este mi primer
amo me acaecie-
ron: y quiero de-
zir el despidiente,
y con el acabar.

Estauamos en Es-
calona, Villa del
Duque della, en
meson: y dio me
vn pedaço de lon-
ganiza, que le as-
sasse.

Ya que la lon-
ganiza auia prin-
gado y comido se
las

rosties engraissies, il tire vn marauedi de la bourse & me cõmande que ie lui en allasse querir du vin à la tauerne.

Le Diable me mit l'appareil deuãt les yeux, lequel (cõme on a coustume de dire) fait le larron. Et fut qu'il y auoit pres le feu, vn petit nauet, gros & flétri, & tel que pour n'estre pour le pot, il deuoit estre jetté là. Et comme à l'heure il n'y eust personne, sinon lui & moy seuls, comme ie me veis auec vn goulu appétit que m'auoit suscité le sauoureux flairer de l'andouille, duquel seulement

las pringadas, saco vn marauedi de la bolsa, y mando que fuesse por el de vino a la tauerna.

Puso me el demonio el aparejo delante los ojos, el qual (como suelen dezir) haze el ladron: y fue, que auia cabe el fuego vn nabo pequeño larguillo y ruinoso, y tal que por no ser para la olla, deuio ser echado alli: y como al presente nadie estuuiesse sino el y yo solos, como me vi con apetito goloso, auiendo me puesto dentro el sabroso olor de la longaniza, del qual solamente

ment ie desirois de iouïr, ne regardant ce qui me pourroit succeder : Toute crainte postposée pour acomplir mon desir auec lui ; pendant que l'aueugle tiroit le denier de la bource, ie tiraï l'andouille & mis fort habilemét le susdit nauet en la broche; lequel mon maistre (me donnant le denier pour le vin) prend & cómence à tourner au feu: voulant rostir celui, qui pour ses démerites auoit eschappé d'estre bouilli.

Ie fus pour querir le vin, auec lequel ie ne tarday à dépescher l'andouille. Et quand

lamento sabia que auia de gozar, no mirando que me podria succeder: pospuesto todo el temor, por cumplir con el desseo: en tanto que el ciego sacaua de la bolsa el dinero, saque la longaniza, y muy presto meti el sobredicho nabo en el assador: el qual mi amo, dandome el dinero para el vino, tomo y començo a dar bueltas al fuego, queriendo assar el que de ser cozido, por sus demeritos, auia escapado.

Yo fuy por el vino, con el qual no tarde en despachar la longaniza. Y quando

quand ie reuins, ie trouuay le pécheur d'aueugle qui tenoit le naueau appresté entre deux rosties, duquel il ne s'estoit encor'aduisé, pour ne l'auoir tasté auec la main.

Comme il print les rosties & mordit en icelles, pensant aussi emporter partie de l'andouille, il se trouua froid auec le froid naueau : & s'alterát, dit: Qu'est ceci Lazarille?

Miserable que ie suis (di-ie) si vous me voulez imposer quelque chose; Ne vien ie pas d'aporter le vin? Aucun estoit ici, & pour se mocquer, aura fait ceci.

quando vine, hallé al pecador del ciego, que tenia entre dos reuanadas apretado el nabo, el qual aun no auia conocido, por no lo auer tétado con la mano.

Como tomasse las reuanadas y mordiesse en ellas, pensando tambien lleuar parte de la longaniza; hallose en frio con el frio nabo, alterose, y dixo: Que es esto Lazarillo?

Lazerado de mi, dixe yo, si quereys a mi echar algo: yo no vengo de traer el vino. Alguno estaua ay, y por burlar, haria esto

ceci.

Non, non (dit il) car, ie n'ay abādonné la broche de la main. Il n'est possible.

Ie retourne à iurer & pariurer, que i'estois innocent de ce troc & chāge. Mais cela me profita peu, puis que rien ne se cachoit aux astuces du maudit aueugle. Il se leue, & me saisit par la teste, & s'approche pour me flairer, & cōme deuoit sentir le respir, à la façon de bon Chien couchant.

Pour mieux se satisfaire de la verité, & auec la grande agonie qu'il supportoit, me saisissant auec

esto.

No no, dixo el, que yo no he dexado el assador de la mano: No es possible.

Yo torne a jurar y perjurar que estaua libre de aquel trueco y cābio: Mas poco me aproucho, pues a las astucias del maldito ciego, nada se le ascondia. Leuanto se y asiome por la cabeça y llego se a oler me, y como deuio sentir el huelgo, a vso de buen podenco.

Por mejor satisfazer se de la verdad, y con la gran agonia que lleuaua, asiendo me con

C ij

auec les mains, il m'ouure la bouche plus que de sa grandeur, & indiscrettement y mettroit la narine, laquelle il auoit longue & asilée, & qui alors auec l'ennui s'estoit augmentée d'vn pied auec le pic: De laquelle il m'attaindoit au gosier.

Auec ceci & auec la grād' crainte que j'auois, & auec la brefueté du temps, la noire andouille n'auoit encores fait assiette dans l'estomac: Et le plus principal, auec le chatouillement de l'acomplie narine, il m'étoufoit presque à demi.

con las manos, abriome la boca mas de su derecho, y desatendamēte metia la nariz, la qual el tenia luenga y afilada: y aquella sazon con el enojo se auia augmentado vn palmo con el pico: de la qual me llego a la gulilla.

Con esto, y con el gran miedo que tenia, y con la breuedad del tiempo, la negra longaniza aun no auia hecho assiento en el estomago: y lo mas principal, con el destiento de la cumplidissima nariz, medio casi ahogandome.

Tueos   Todas

| Toutes ces choses se joignirent & furét cause que le fait & gourmandise se manifesta, & le sien retourna à son dómage. De maniere qu'au parauant que le meschãt aueugle tirast sa trompe de ma bouche, mon estomach sentit telle esmotion, que ie lui donnaï auec le larcin en icelle. De sorte que sa narine & la noire mal maschée andouille, en vn temps sortirent de ma bouche.

O grand Dieu ! que ne fus-ie à l'heure enseueli, car i'estois desia mort.

 Le courage du peruers aueugle fut tel, | Todas estas cosas se juntaron, y fueron causa que el hecho y golosina se manifestasse, y lo suyo fuesse buelto a su dueño. De manera, que antes que el mal ciego sacasse de mi boca su trompa, tal alteracion sintio mi estomago, que le dio con el hurto en ella : De suerte que su nariz y la negra mal maxcada longaniza, a vn tiempo salieron de mi boca.

O gran Dios, quien estuuiera aquella hora sepultado, que muerto ya lo estaua

 Fue tal el coraje del peruerso ciego, |
|---|---|

C iiij

tel, que si on n'eust acouru au bruict, ie pense qu'il ne m'eut laissé auec la vie. Ils m'osterẽt d'entre ses mains, les laissant pleines de ce peu de cheueux que i'auois. La Face escorchée, & le chignon du col & la gorge esgratignez. Et ceci eust il bien merité, puis que par sa meschanceté tant de persecutions me venoient. Le mauuais aueugle cõptoit mes desastres à tous ceux qui venoient là. Et leur comptoit vne & deux fois : Tant celle du pot, cõme celle du raisin, & celle d'alors. La	go, que si al ruydo no acudieran, pienso no me dexara con la vida. Sacaron me dentre sus manos, dexandose las llenas de aquellos pocos cabellos que tenia: Arañada la cara, y rascuñado el pescueço y la garganta: y esto bien lo merecia, pues por su maldad me venian tantas persecuciones? Contaua el mal ciego a todos quantos alli se allegauan mis desastres, y daua les cuenta vna y otra vez, assi de la del jarro, como de la del razimo, y agora de lo presente. Era

La risée de tous estoit si grande, que tous ceux qui passoiẽt par la rue, entroient pour veoir la feste. Mais l'aueugle cõptoit mes gestes auec telle grace & raillerie, qu'encores que ie fusse si mal traité & pleurant, il me sembloit que ie faisois iniustement, en n'en riant point.

Et pendant que cela se passoit, vne couardise & lascheté que i'auois faite me vint en la memoire, pource qu'il me maudissoit : Et ce fut, de ne l'auoir laissé sans narines, puis que i'eus si bon temps pour cela,

Era la risa de todos tan grande, que toda la gente que por la calle passaua, entraua a ver la fiesta. Mas con tanta gracia y donayre, contaua el ciego mis hazañas, que aunque yo estaua tan mal tratado y llorando, me parecia que hazia sin justicia, en no se las reyr.

Y en quanto esto passaua, a la memoria me vino vna couardia y floxedad que hize, porque me maldezia: y fue no dexalle sin narizes, pues tan buen tiempo tuue para ello.

que

C iiij

que la moitié du chemin en estoit couru : Qu'auec le seul serrer des dents ils me fussent demeurées en la maison. Et pour estre de ce meschant, par auanture mon estomach les eut mieux retenues, qu'il ne retint l'andouille. Et icelles ne paroissāt, i'eusse peu nier la demande : Pleust à Dieu que ie l'eusse fait, car ceci eust esté ainsi qu'ainsi.	que la mitad del camino estaua andado, que con solo apretar los dientes, se me quedaran en casa : y con ser de aquel maluado, poruentura lo retuuiera mejor mi estomago que retuuo la longaniza : y no pareciendo ellas, pudiera negar la demanda. Pluguiera a Dios que lo vuiera hecho, que esso fuera assi que assi.
L'hostesse & ceux qui estoient là, nous firent amis; & me lauerent la Face & la gorge auec le vin que ie lui auois apporté pour boire. Surquoy, le mauuais	Hizieron nos amigos la mesonera y los que alli estauan, y con el vino que para beuer le auia traydo, lauaron me la cara y la garganta. Sobre lo qual discantaua

uais aueugle proféroit des railleries, disant: En vérité, ce garçõ me gaste plus de vin en lauatoires au bout de l'an, que ie n'en boy en deux. Au-moins, Lazare, tu es plus tenu au vin qu'à ton pere: Pource que lui ne t'a engendré qu'vne fois, mais le vin t'a donné mille fois la vie.

Et auſſi toſt comptoit combien de fois il m'auoit deſfiguré & eſgratigné la Face, & qu'incontinent auec du vin ie guariſſois.

Ie te dis (diſoit il) que ſi homme a d'eſtre bien heureux en vin, que ce ſera toy.

diſcantaua el mal ciego donayres, diziendo : Por verdad mas vino me gaſta eſte moço en lauatorios al cabo de año, que yo beuo en dos. A lo menos Lazaro, eres en mas cargo al vino que a tu padre, porque el vna vez te engendro, mas el vino mil te ha dado la vida.

Y luego contaua quantas vezes me auia deſcalabrado y harpado la cara, y con vino luego ſanaua.

Yo te digo (dixo) que ſi hombre en el mundo ha de ſer bienauenturado con vino, que ſeras tu.

C v

toy. Et auec cecy, ceux qui me lauoiét rioient fort, encore que ie reniasse.

Mais le pronostic de l'aueugle ne fust menteur, & depuis plusieurs fois ie me resouuien deça de cest hóme, qui sans doute deuoit auoir l'esprit de prophetie: et me repens des ennuis que ie lui fis, encore qu'il les meritast bien : Considerant ce qu'il me dit celui iour, m'aduenir tant veritablement, comme vous oires ci apres, Monsieur.

Cecy veu & les peruerses railleries que l'aueugle bouffonnoit de moy, ie determinay

tu. Y reyan mucho los que me lauauan con esto, aunque yo renegaua.

Mas el pronostico del ciego no salio mentiroso, y despues aca muchas vezes me acuerdo de aquel hombre, que sin duda deuia tener espiritu de prophecia: y me pesa de los sinsabores que le hize, aunque bien se lo pague: considerádo lo que aquel dia me dixo salirme tam verdadero, como adelante vuestra merced oyra.

Visto esto y las malas burlas que el ciego burlaua de mi determine

déterminay de tout en tout le laisser. Et cóme ie l'auois pensé & l'auois en volonté, ie m'y confirmay d'auátage auec ce dernier tour qu'il me fit. Et ce fut ainsi, que dés le lendemain nous sortismes par la Ville à demander l'aumosne, & auoit beaucoup pleu la nuict d'auparauant.	determine de todo en todo dexalle : y como lo traya pensado y lo tenia en voluntad, con este postrer juego que me hizo, afirme lo mas. y fue assi, que luego otro dia salimos por la villa a pedir limosna, y auia llouido mucho la noche antes.
Et pource qu'il pleuuoit aussi le iour, il alloit priant au dessous de quelques portails qu'il y auoit en ce Bourg, où nous ne nous mouillions.	Y porque el dia tambien llouia, el andaua rezando debaxo de vnos portales que en aquel pueblo auia, donde no nos mojamos.
Mais comme la nuict venoit & il ne cessoit de pleuuoir, l'aueugle	Mas como la noche se venia y el llouer no çessaua, dixo me

C vj

l'aueugle me dict: Lazare, ceste eau est fort opiniastre, & tant plus la Nuict ferme, plus il pleut. Retirons nous de bonne heure, à la maison.	dixo me el ciego: Lazaro, esta agua es muy porfiada, y quáto la noche mas cierra, mas rezia: Acojamonos a la posada con tiempo.
Pour aller là, nous auions vn ruisseau à passer, qui auec l'abondance d'eau s'estoit fort acreu. Ie lui dis: Oncle, le ruisseau est fort large, mais si vous voulez ie veoy par oú nous trauerserons plustost sans nous mouiller, pource qu'il s'y estreçit fort. Et sautant, nous le passerós à pied sec.	Para yr alla, auiamos de passar vn arroyo, que con la mucha agua yua grande, yo le dixe, Tio, el arroyo va muy ancho, mas si quereys, yo veo por donde trauessemos mas ayna, sin nos mojar, porque se estrecha alli mucho: y saltando passaremos a pie enxuto.
Mon conseil lui sembla bon, & dit: Tu es discret, pour cecy	Pareciole buen consejo, y dixo: Discreto eres, por esto

cecy ie t'aime bien. Mene moy à ce lieu où le ruisseau s'estreçit: Car maintenant il est yuer, & l'eau est malfaisante; & d'auantage, cheminant les pieds mouillez.

Moy qui veis l'apareil à mon desir, le menay dessoubs les portails, & l'adressaï au droit d'vn pillier ou posteau de pierre qui estoit en la place, sur lequel & sur autres posoient les saillies de ces maisons: Et luy dis: Oncle, voicí le pas plus estroit qu'il y aye au ruisseau.

Cóme il pleuuoit fort & le triste se mouilloit

esto te quiero bien: lleuame a esso lugar donde el arroyo se ensangosta: Que agora es inuierno, y sabe mal el agua, y mas lleuar los pies mojados.

Yo que vi el aparejo a mi desseo, saquele debaxo los portales, y lleue lo derecho de vn pilar o poste de piedra que en la plaça estaua, sobre el qual y sobre otros cargauan saledizos de aquellas casas: y dixele, Tio, este es el passo mas angosto que en el arroyo ay.

Como llouia rezio y el triste se mojaua

mouilloit, & auec la haste que nous auions de sortir de l'eau qui nous chéoit sur la teste, & le plus principal, pour quoy Dieu lui aueugla l'entendement, fut pour me donner vangeance de lui: Il me creust, & dit: Mets moï bien au droit, & saute le ruisseau.	mojaua, y con la priessa que lleuauamos de salir del agua que en cima nos caya; y lo mas principal, porque Dios le cego aquella hora el entendimiento, fue por dar me del vengança. Creyose de mi, y dixo: Pon me bien derecho, y salta tu el arroyo.
Ie le mis bien droit en front du pillier, & fais vn saut & me mets au derriere du posteau, côme qui esperoit choc de Taureau. Et lui dis, Sus, sautez tant que vous pourres, afin que vous dónies de ce costé de l'eau.	Yo le puse bien derecho en frente del pilar, y doy vn salto y pongo me de tras del poste, como quien espera tope de Toro, y dixe le: Sus salta todo lo que podays, porque deys deste cabo del agua.
Encores à peine lui	Aun a penas le

lui auois ie acheué de dire, quand le pauure aueugle se balançoit comme Bouc & de toute sa force recula, prenãt vn pas arriere de la course, pour faire plus grand saut. Et donne auec la teste contre le posteau, qui sonna aussi fort comme s'il eust frapé auec vne grande calebasse. Et chet incõtinent en arriere, demi mort & la teste fendue.

Cõment? vous flairâtes bien l'andouille, & non le posteau (lui di-ie) Flairez, flairez.

Ie le laissai au pouuoir de beaucoup qui l'estoient venus secourir

le auia acabado de dezir, quando se abalança el pobre ciego como Cabron, y de toda su fuerça arremete, tomando vn passo a tras de la corrida, para hazer mayor salto : y da con la cabeça en el poste, que sono tan rezio como si diera con vna gran calabaça: y cayo luego para atras, medio muerto y hendida la cabeça.

Como? y olistes la longaniza, y no el poste. Oled, oled, le dixe yo.

Dexo le en poder de mucha gente, que lo auia ydo a socorrer

secourir, & d'vn trot ie gangnay la porte de la ville, & auant que la nuict vint i'arriuay à Torrijos. Ie ne sçeu depuis ce que Dieu fit de lui, ni n'ay souci de le sçauoir.

socorrer, y tomo la puerta de la villa en los pies de vn trote: y antes que la noche viniesse, di comigo en Torrijos. No supe mas lo que Dios del hizo, ni cure de lo saber.

COMME LA-zare se met auec vn Prestre, & des choses qu'il endura auec lui.

COMO LAZA-ro se assento con vn Clerigo, y de las cosas que con el passo.

LE lendemain, ne me paroissant estre seur en ce lieu, ie m'en allay en vn village que l'on appelle *Maqueda*: Où mes pechez m'adresserent auec vn Prestre, qu'abordant à demader l'aumosne me demada si ie sçauois

OTro dia, no paréciendome estar alli seguro, fuy me a vn lugar que llaman Maqueda, adonde me toparon mis pecados con vn Clerigo, que llegando a pedir limosna, me pregunto, si sabia

uois aider à dire la Messe.

Ie lui dis qu'ouy, cóme il estoit vray: car encores que mal traité, le pecheur d'aueugle me monstroit mille choses bonnes, & vne d'icelles fut cesto cy.

Finablement, le Presbtre me reçeust pour sien.

I'eschapaï du tonnerre, & rencheuz en la foudre, Pource que l'aueugle, au pris de cestui ci, estoit vn Alexandre le grand: iaçoit qu'il fust la mesme auarice, comme i'ay compté.

Ie n'en diray plus, sinon que toute la taquinerie du monde

bia ayudar a Missa.

Yo dixe que si, como era verdad, que aunque mal tratado, mil cosas buenas me mostro el pecador del ciego, y vna dellas fue esta.

Finalmente, el clerigo me recibio por suyo.

Escape del trueno, y di en el relampago: porque era el ciego para con este vn Alexandre Magno, con ser la misma auaricia, como he contado.

No digo mas, sino que toda la lazeria del mundo

de estoit enserrée en cestui. Ie ne sçay s'il estoit de sa confection, ou s'il l'auoit annexée auec l'habit de Presbtrise.

Il auoit vn vieux cofre fermant auec sa clef, laquelle il portoit attachée auec vne esguillette du saye. Et en aportāt le pain de l'Eglise, il estoit incontinent ietté là de sa main, & retournoit fermer le cofre.

En toute la maison n'y auoit aucune chose à māger (cōme a coustume d'estre en autres aucun lard acroché au foïer, aucun fromage mis sur quelque tablette

do estaua encertada en este. No se, si de su cosnecha era, o lo auia anexado con el habito de clerezia.

El tenia vn arcaz viejo, y cerrado con su llaue: la qual traya atada con vn agujeta del paletoque. Y en viniendo el bodigo de la yglesia, por su mano era luego alli lançado, y tornaua a cerrar el arca.

En toda la casa, no auia ninguna cosa de comer, como suele estar en otras algun tocino colgado al humero, algun queso puesto en algun tabla

bletre ou en l'armoire, aucun coffin auec aucuns morceaux de pain qui restent de la table) qui me parut. Car encores que ie ne m'en fusse serui, auec la veüe ie m'en fusse consolé.	bla o en el armario, algun canastillo, cõ algunos pedaços de pan, que de la mesa sobran, que me parece a mi. Que aunque dello no me aprouechara, con la vista dello me consolara.
Seulement y auoit vne botte de ciboules, enfermées à la clef en vne chambre, au plus haut de la maison.	Solamente auia vna horca de cebollas, y tras la llaue en vna camara en lo alto de la casa.
I'auois d'icelles, à raison d'vne pour quatre iours, & quand ie lui demandois la clef, pour en aller querir : Si aucun estoit present, il mettoit la main au faux sein, & auec grande continence l'a	Destas tenia yo de racion, vna para cada quatro dias: y quando le pedia la llaue para yr por ella, si alguno estaua presente, echaua mano al falsopeto, y con gran continencia la

l'a deſlioit & me l'a donnoit, diſant: Tiens, & retourne incontinent, & ne fais ſinon gourmander. Cõme ſi ſoubs icelle euſſent eſté toutes les conſerues de Valence, bien qu'il n'y euſt en ladite chambre (cõme i'aï dit) maudite l'autre choſe, que les Ciboules ſuſpendues d'vn clou: Leſquelles il auoit ſi bien par compte, que ſi par mal'heurs de mes pechez ie me licenciois à plus de ma portion, il me couſtoit cher.	la deſataua y me la daua, diziendo: Toma y bueluela luego, y no hagays ſino goloſinar. Como ſi debaxo della eſtuuieran todas las conſeruas de Valencia: Con no auer en la dicha camara como dixe, maldita la otra coſa, que las Cebollas colgadas de vn clauo: Las quales el tenia tambien por cuenta, que ſi por malos de mis pecados me deſmandara a mas de mi taſſa, me coſtara caro.
Finalement ie me mourois de faim, & poſé qu'il vſaſt de peu de charité auec moy	Finalmente, yo me finaua de hambre, pues ya que comigo tenia poca caridad,

moi, auec foy il en vſoit plus.

Son ordinaire eſtoit, d'auoir pour cinq blanques de chair, pour diſner & ſouper. Il eſt vrai qu'il partiſſoit auec moy du chaudeau: car de la chair, auſſi blanc que l'œil: Sinon vn peu de pain, & pleuſt à Dieu qu'il m'en euſt demi raſſaſié.

Les Samedis, les teſtes de mouton ſe mangent en ce païs. Et il m'en enuoyoit querir vne, qui couſtoit trois marauedis.

Ie lui faiſois cuire, & il mãgeoit les yeux, & la langue, & le chignõ du col, &

caridad, conſigo vſaua màs.

Cinco blancas de carne era ſu ordinario, para comer y cenar. Verdad es que partia comigo del caldo: que de la carne, tan blanco que el ojo: Sino vn poco de pan, y pluguiera a Dios que me demediara.

Los Sabados comen ſe en eſta tierra cabeças de carnero, y embiaua me por vna, que coſtaua tres marauedis.

Aquella ſe cozia, y comia los ojos, y la lengua, y el cogote, y

& le cerueau, & la
chair qui estoit aux
maschoeres. Et me
donnoit tous les os
descharnez, dans le
plat, disant: Prens,
mange, triumphe,
car c'est pour toy le
móde: Tu fais meil-
leure chere que le
Pape.

Telle te l'a donné
Dieu, disois ie tout
bas en moy mesme.

Au bout de trois
semaines que ie fus
auec lui, ie vins à tel-
le foiblesse, que ie
ne me pouuois sou-
stenir sur les iambes
de pure faim. Ie me
veis apertemét aller
à la sepulture, si Di-
eu & mon sçauoir
ne m'eussent aidé.

Pour vser de mes
cautelles,

y el seso, y la carne
que en las quixadas
tenia: y daua me to-
dos los huessos roy-
dos en el plato, di-
ziendo: Toma, co-
me, triumpha: que
para ti es el mundo:
Mejor vida tienes
que el Papa.

Tal te la de Dios,
dezia yo passo, en-
tre mi.

Al cabo de tres
semanas que estuue
con el, vine a tanta
flaqueza, que no
me podia tener en
las piernas, de pura
hambre. Vi me cla-
ramente yr a la se-
pultura, si Dios y
mi saber no me re-
mediaran.

Para vsar de mis
mañas,

cautelles, ie n'en a-
uois d'aparcil, pour
n'auoir en quoy lui
donner faut. Et en-
cores qu'il y eust eu
dequoy, ie n'eusse
peu l'aueugler, com-
me ie faisois celui,
auquel Dieu pardô-
ne, s'il est mort de
cette taloche. Car
encores toutes-fois
qu'il fust rusé, côme
ce precieux senti-
mét lui defailloir, il
ne me sentoit. Mais
cest autre; Il n'y a-
uoit aucun qui eust
la veüe si aguë com-
me il l'auoit.

Quand nous esti-
ons à l'ofertoire, au-
cune blãque ne ché-
oit au bassin, qui ne
fust de lui enregi-
strée.

mañas, no tenia
aparejo, por no te-
ner en que dar le
salto: y aunque al-
go vuiera, no pu-
diera cegalle, co-
mo hazia al que
Dios perdone, si
de aquella calaba-
çada fenecio. Que
todauia aunque a-
stuto; con faltalle
aquel preciado sen-
tido, no me sentia.
Mas estotro, nin-
guno ay, que tan
aguda vista tuuiesse
como el tenia.

Quando al ofer-
torio estauamos,
ninguna blanca en
la concha no caya,
que no era del re-
gistrada.

Ii El

| Il auoit vn œil sur la cõpagnie, & l'autre en mes mains. | El vn ojo tenia en la gente, y el otro en mis manos. |

Les yeux lui vaciloient en l'Orbite, comme s'ils eussent esté de vif argent.

Baylauan le los ojos en el caxo, como si fueran de azogue.

Il tenoit par cõpte, autant de blanques qu'on lui offroit.

Quantas blancas ofrecian, tenia por cuenta.

L'offrande acheuée, il m'ostoit aussi tost la Tasse, & l'a mettoït sur l'autel.

Acabado el ofrecer luego me quitaua la concheta, y la ponia sobre el altar.

Tout le temps que ie vescus, ou pour mieux dire languis, auec lui, ie ne peus lui empoigner vne blanque.

No era yo señor de azir le vna blanca, todo el tiempo que con el biui, o por mejor dezir, mori.

Ie ne lui aportay iamais de la tauerne pour vne blãque de vin, mais il compassoit de telle sorte ce peu, que (de l'ofran de

De la tauerna, nunca le traxe para vna blanca de vino, mas aquel poco que de la ofrenda auia metido en su arcaz,

de) il auoit mis en son coffre, qu'il lui duroit toute la semaine. Et pour couurir sa grande taquinerie, il me disoit: regarde garçon, les Presbtres doiuent estre fort temperez en leur manger & boire: Et pour ce, ie ne me licencie, comme d'autres.

Mais le miserable mentoit faucement pource qu'és confrairies & mortuaires que nous auions aux despés d'autrui, il mangeoit comme Loup, & beuuoit plus qu'vn dôneur de Bon iour.

Et pourquoy di-ie mortuaires? Dieu me pardonne. Car iamais

arcaz, compassaua de tal forma, que le duraua toda la semana. Y por ocultar su gran mezquindad, deziame: Mira moço, los Sacerdotes han de ser muy templados en su comer y beuer: y por esto yo no me desmando como otros.

Mas el lazerado mentia falsamente, porque en confradias y mortuorios que rezamos, a costa agena, comia como Lobo, y beuia mas que vn saludador.

Y porque dize mortuorios? Dios me perdone: Que jamas

D

iamais ie ne fus ennemi de la nature humaine, sinon alors. Et ceci estoit, pource que nous y mãgions bien & me rassasioient.

Ie desirois, & encores priois à Dieu, que chacun iour tuast le sien. Et quand nous dõnions le Sacrement aux malades, & specialement l'extresme vnction, Comme le presbtre cõmandoit de prier à ceux qui estoient là, ie n'estois certes le dernier de l'oraison: Et auec tout mon cœur & bonne volonté ie priois au Seigneur, non qu'il en ordonnast à son bon plaisir, comme on

jamas fuy enemigo de la naturaleza humana, sino entonces: y esto era, porque comiamos bien y me hartauan.

Desseaua y aun rogaua a Dios, que cada dia matasse el suyo. Y quando dauamos el Sacramento a los enfermos, especialmente la extrema vncion: Como manda el Clerigo rezar a los que estan alli, yo cierto no era el postrero de la oracion: y con todo mi coraçon y buena voluntad rogaua al Señor, no que le echasse a la parte que mas seruido fuesse, como se

on a coustume de	como se suele de-
dire, mais qu'il l'ô-	zir, mas que le lle-
de ce monde.	uasse deste mundo.

Et quand aucun d'iceux eschappoit, Dieu me le pardonne. Car ie le dônois mille fois au diable. Et celui qui se mouroit, emportoit autant d'autres benedictions, de moy dites. Pource qu'en tout le temps que ie fus là, qui seroient casi six mois, moururent vingt personnes seules. Et icelles ie croy bien, que ie tuay, ou qui pour mieux dire, moururent à ma requeste. Pource que le Seigneur voiant ma violente & continue mort, ie pense qu'il s'esiouissoit

Y quando alguno destos escapaua (Dios me lo perdone) que mil vezes le daua al diablo: y el que se moria, otras tantas bendiciones lleuaua de mi dichas: porque en todo el tiempo, que alli estuue, que serian quasi seys meses, solas veynte personas fallecieron: y estas, bien creo, que las mate yo, o por mejor dezir, murieron a mi requesta. Porque viendo el Señor mi rauiosa y continua muerte, pienso que se

D ij

s'esiouïssoit de les faire mourir, pour me donner ma vie.

Mais à ce que ie souffrois pour lors, ie ne trouuois de remede. Car si le iour que nous enterriós ie viuois, les iours qu'il n'y auoit de mortuaire, pour estre ja acoustumé à la bonne chere, retournant à ma faim quotidiane, ie le sentois d'auantage. De maniere que ie ne trouuois cófort en rien, sauf en la mort Laquelle ie desirois aucunes fois, aussi bien pour moy cóme pour les autres. Mais ie ne la voiois encores qu'elle fust tousiours en moy.

Ie pensay

que se holgaua de matarlos, por darme a mi vida.

Mas de lo que al presente padecia, remedio no hallaua: Que si el dia que enterrauamos yo biuia, los dias que no auia muerto, por quedar bien vezado de la hartura; tornando a mi quotidiana hambre, mas lo sentia. De manera que en nada hallaua descanso, saluo en la muerte, que yo tambien para mi, como para los otros, desseaua algunas vezes. Mas no la via, aun que estaua siempre en mi.

Pense

Ie pensaï plusieurs fois à m'en aller d'auec ce chetif maistre, mais ie ne le faisois pour deux causes. La premiere, pour ne m'asseurer à mes jambes, pour craindre la foiblesse qui me venoit de pure faim. Et l'autre, ie considerois & disois : I'ay eu deux maistres. Le premier, m'apportoit vne mort de famine. Et le laissant, me suis rencontré auec cest autre, qui me tient ja auec elle en la sepulture. Puis, si ie me desiste de cestui & donne en autre plus bas, que sera ce sinon mourir! Pour çela, ie ne m'osois	Pense muchas vezes yr me de aquel mezquino amo : Mas, por dos cosas, lo dexaua. La primera, por no me atreuer a mis piernas, por temer de la flaqueza que de pura hambre me venia. Y la otra, consideraua y dezia : Yo he tenido dos amos : El primero traya me muerto de hambre : y dexando le, tope con estotro, que me tiene ya con ella en la sepultura: Pues si deste desisto y doy en otro mas baxo, que sera sino fenecer? Con esto, no me osaua

D iij

m'ofois defparrir, pource que ie croyois fermement que i'auois à trouuer tous les grades plus miserables. Et d'autre part, à abaiſſer, Lazare ne sonneroit ni ne foiroit plus au monde.

Or eſtant en telle afliction (qu'il plaiſe au Seigneur deliurer d'icelle tout fidelle Chreſtien) & fans ſçauoir me dõner conſeil, me voïant aller de mal en pis: Vn iour auquel le Curé, miſerable & chetif de mon maiſtre, s'en eſtoit allé hors du Bourg, de hazard vn Chaudronnier s'approche de ma porte, lequel ie croy

oſaua menear, porque tenia por ſe, que todos los grados auia de hallar mas ruynes: y a abaxar otro punto, no ſonara Lazaro ni ſe oyera en el mundo.

Pues eſtando en tal aflicion, que el plega al Señor librar della a todo fiel Chriſtiano, y ſin ſaber dar me conſejo, viendo me yr de mal en peor: vn dia qual cuytado, ruyn y lazerado de mi amo, auia ydo fuera del lugar; llego ſe a caſo a mi puerta vn Calderero, el qual yo creo

ie croy qu'il fut Ange, à moï enuoyé, de la main de Dieu, en cest habit.	yo creo que fue Angel embiado a mi por la mano de Dios en aquel habitu.
Il m'enquiert, si i'auois quelque chose à refaire.	Pregunto me, si tenia algo que adobar.
Vous auries bien que faire en moï, & ne series peu si vous me dónies remede, di-ie si bas qu'il ne m'oyoit.	En mi teniades bien que hazer, y no hariades poco si me remediassedes, dixe passo que no me oyo.
Mais comme il n'estoit temps de le perdre en action de graces, illuminé par le Saint Esprit, ie lui dis: Oncle, i'ay perdu vne clef de ce cofre, & ie crains que mon Seigneur me foëtte. Par vostre vie, voyez si entre celles que vous portez y en a aucunes qui	Mas como no era tiempo de gastar lo en dezir gracias, alumbrado por el espiritu santo, le dixe: Tio, vna llaue deste arca he perdido, y temo mi Señor me açote: Por vuestra vida veays, si en essas que trayes ay algunas que

qui l'ouure, car ie
vous l'a payeray.

L'angelique chau-
drónier commence
â esprouuer vne &
autre d'vn grand
trousseau d'icelles
qu'il portoit. Et ie
lui aidois auec mes
debilles oraisons,
Quand, ne me ca-
chãt, ie veoy (com-
me l'on dit) la Face
de Dieu, en figure
de pains, au dedans
du cofre. Et ouuert,
ie lui dis : Ie n'ay ár-
gent que ie puisse
donner pour la clef,
mais prenez le pay-
ement d'icy.

Il print vn des ga-
steaux, celui qui lui
sembla le meilleur.
Et me donnant ma
clef, s'en alla fort
content

que le haga : que yo
os lo pagare.

Começo a pro-
uar el angelico cal-
derero vna y otra
de vn gran sartal
que dellas traya:
y yo ayudalle con
mis flacas oracio-
nes, quando no me
cato veo en figura
de panes, como
dizen, la cara de
Dios dentro del ar-
caz. Y abierto, di-
xele : Yo no tengo
dineros que os dar
por la llaue, mas
tomad de ay el pa-
go.

El tomo vn bo-
digo, de aquellos el
que mejor le pare-
cio : y dandome mi
llaue, se fue muy
contento,

content, me le laissant d'auantage.

Mais ie ne touchay à rien pour le present, afin que la faute ne fust aperçeüe, & encores pour ce que me voiant Seigneur de tel bien, il me sembla que la famine ne m'oseroit joindre.

Le miserable de mon maistre vint, & Dieu ne voulut qu'il print garde à l'ofrande que l'Ange auoit emportée.

Et vn autre iour, sortāt de la maison, i'ouure mon Paradis de pain, & prens entre les mains & dents vn gasteau, & en deux *Credo* le fis inuisible: Ne m'oubliant

contento, dexandome mas a mi.

Mas no toque en nada por el presente, porque no fuesse la falta sentida : y aun porque me vi de tanto bien Señor, parecio me que la hambre no se me osaua llegar.

Vino el misero de mi amo, y quiso Dios no miro en la oblada quel Angel auia lleuado.

Y otro dia, en saliendo de la casa, abro mi parayso panal, y tomo entre las manos y dientes vn bodigo, y en dos credos le hize inuisible: No se me oluidando

D v

bliant de refermer le cofre. Et commençay à balier la maison auec grande alegresse, me semblant pouuoir remedier deslors en auãt à ma triste vie, auec ce remede. Et ainsi ie fus auec lui, ce iour & l'autre, ioyeux.

Mais il ne plaisoit à ma Fortune, que ce cõtentement me durast beaucoup, pour ce qu'aussi tost au tiers iour, me vint la fiebure tierce droite. Et fut que ie veis à heure inacoustumée, celui qui me tuoit de famine, sur nostre cofre: tournant & retournãt, comptant &

uidando dexar el arca abierta: y comienco a barrer la casa con mucha alegria, pareciendome con aquel remedio, remediar dende en adelante la triste vida. Y assi estuue con ello aquel dia y otro, gozoso.

Mas no estaua en mi dicha, que me durasse mucho aquel descãso, porque luego al tercero dia me vino la terciana derecha: y fue que veo a deshora el que me mataua de hambre, sobre nuestro arcaz, boluiendo y reuoluiendo, contando y

& retournât à compter les pains.

Ie diſſimuloïs, & en ma ſecrette oraiſon & deuotions & vœux, ie diſois: Saint Iean, Et aueugle les?

Apres qu'il euſt eſté vn long temps, faiſant la ſupputation, comptant par iours & doigts, il dit: Si ce cofre n'eut eſté en lieu ſi ſeur, ie dirois que l'on m'auroit pris des pains d'icelui. Toutes fois d'ores en auât, ſeulemét pour fermer la porte au ſoupçon, ie veux tenir bon cópte d'iceux. Neuf demeurét, & vn morceau.

Mauuaiſes

y tornando a contar los panes.

Yo diſſimulaua y en mi ſecreta oracion y deuotiones y plegarias, dezia: Sant Iuan, y ciegale?

Deſpues que eſtuuo vn gran rato, echando la cuenta, por dias y dedos contando, dixo: Si no tuuiera a tan buen recaudo eſta arca, yo dixera que me auian tomado della panes: Pero, de oy mas, ſolo por cerrar puerta a la ſoſpecha, quiero tener buena cuenta con ellos: Nueue quedan y vn pedaço.

Nueuas

D vj

Mauuaises nou-
uelles te dône Dieu,
di-ie à part moy.

Il me sembla qu'a-
uec ce qu'il dit, il
me perça le cœur,
auec vne sagette de
chasseur : Et l'e-
stomac me cōmen-
ça à sauteler de faim
se voyant réncheu
en la diette passée.

Sorti qu'il fut de
la maison, i'ouure le
cofre pour me con-
soler. Et comme ie
veis le pain, ie com-
mençay à l'adorer.
Ne l'osant reculer,
ie les comptay; si de
fortune le misera-
ble s'estoit trompé.
Et trouuaï son com-
pte plus veritable
que ie ne voulois.

Le plus que ie
peu

Nueuas malas te
de Dios, dixe yo
entre mi.

Parecio me con
lo que dixo passar
me el coraçon con
saeta de montero:
y començo me el
estomago a escar-
uar de hambre, vi-
endo se puesto en la
dieta passada.

Fue fuera de la
casa, yo por consō-
lar me abro el arca:
y como vi el pan,
comence lo de ado-
rar (no osando re-
cebillo) conte los,
si a dicha el lazera-
do se errara : y ha-
lle su cuenta mas
verdadera, que yo
quisiera.

Lo mas que yo
pude

peu faire, fut de leur dóner mil baisers. Et le plus mince que ie peu ie coupay de l'entamé, au fil qu'il l'estoit : Et auec cela, ie passay celui iour, non si alegrement comme le passé.	pude hazer, .ue dar en ellos mil besos : y lo mas delicado que yo pude, del partido parti vn poco, al pelo que el estaua : y con aquel passe aquel dia, no tan alegre como el passado.
Mais cóme la faim creust, mesmement que i'auois fait mon estomach à plus de pain, ces deux ou trois iours ja dits : ie mourois de male mort. Tánt, que ie ne faisois autre chose en me voiát seul, sinon ouurir & fermer le cofre, & contempler en cette face de Dieu, car ainsi disent les enfans.	Mas como la hambre creciesse, mayormente que tenia el estomago hecho a mas pan, aquellos dos o tres dias ya dichos, moria de mala muerte : Táto, que otra cosa no hazia en viendome solo, sino abrir y cerrar el arca, y contemplar en aquella cara de Dios, que assi dizen los niños.
Mais le mesme Dieu	Mas el mismo Dios

dieu qui secourt les
afligez, me voyant
en tel déstroit, sus-
cite à ma memoire
vn petit remede.
Car considerant en
moi-mesme, ie dis:
Ce cofre est vieil &
grand, & troüé par
aucuns endroits, en-
cores que de petits
trous. Il se pourra
persuader, que les
Rats entrant en ice-
lui, font dommage
à ce pain.

Le tirer entier,
n'est chose conue-
nable, pource que
celui en verra la fau
te, qui me fait viure
en vne telle. Ceci se
souffre bien.

Et ie commence à
esmier le pain sur
quelques nappes,
non

Dios que socorre a
los afligidos, vien-
do me en tal estre-
cho, truxo a mi me-
moria vn pequeño
remedio: Que con-
siderando entre mi,
dixe: Este arqueron
es viejo y grande, y
roto por algunas
partes, aunque pe-
queños agujeros:
puede se pensar, que
ratones entrando
en el, hazen daño a
este pan.

Sacar lo entero,
no es cosa conue-
niente; porque vera
la falta el que en
tanta me haze bi-
uir. Esto bien se
sufre.

Y comienço a
desmigajar el pan
sobre vnos no muy
costosos

non fort bónes, qui estoient là, & prens l'vn, & laisse l'autre. De maniere que i'en esmiay de trois ou quatre, vn peu de chacun.

Depuis (cõme qui prend de la dragée) i'en mangeay & me consolaï vn peu.

Mais lui, comme il vint à máger & ouurist le cofre, il veit le degast, & croioit sans doute estre rats ceux qui auoiét fait le dommage: Pource qu'il estoit fort au propre contrefait, de mesme que ils ont acoustumé de le faire.

Il regarda tout le cofre d'vn bout à autre, & lui veit certains

costosos manteles, que alli estauan: y tomo vno y dexo otro. De manera que en cada qual de tres o quatro, desmigaje su poco.

Despues, como quien toma grajea, lo comi y algo me console.

Mas el como viniesse a comer y abriesse el arca, vio el mal pesar, y sin duda creyo ser ratones los que el daño auian hecho, porque estaua muy al proprio contrahecho de como ellos lo suelen hazer.

Miro todo el arcaz de vn cabo a otro, y vio le ciertos

tains trous par où il soupçonna qu'ils estoient entrez.

Il m'apela, disant: Regarde Lazare regarde, quelle persecution est venue ceste nuit pour nostre pain.

Ie me mõstraï fort esmerueillé, lui demandant que ce seroit.

Que ce doit estre, dit il. Rats, qui ne laissét chose en vie.

Nous nous mismes à manger, & Dieu voulut qu'encores en ce repas il me fut bien. Car il me couppa plus de pain, que la chicheté qu'il me souloit dõner. Pource qu'il ratissa auec vn cousteau

tos agujeros por do sospechaua auian entrado.

Llamo me, diziendo: Lazaro, mira mira, que persecucion ha venido aquesta noche por nuestro pan.

Yo hize me muy marauillado, preguntando le, que seria.

Que ha de ser, dixo el: Ratones, que no dexan cosa a vida.

Pusimonos a comer, y quiso Dios que aun en este me fue bien : que me cupo mas pan que la lazeria que me solia dar, porque rayo con vn cuchillo

steau, tout ce qu'il pensoit estre ratonné; disant: Mange cecy, car le Rat est chose nette.

Et ainsi, ce iour, adjoustant la raison du trauail de mes mains, ou de mes vngles, pour mieux dire, nous acheuons de disner; Encores que iamais ie ne cōmençois. Et incontinent me vint vn autre sursaut, qui fut de le veoir songneusement errer, arrachant les cloux des parois, & cherchant de petites tablettes. Auec lesquelles il cloüa & boucha tous les petits trous du vieux cofre.

O mon

chillo todo lo que penso ser ratonado, diziendo: Come te esso, que el Raton cosa limpia es.

Y assi aquel dia, añadiendo la racion del trabajo de mis manos, o de mis vñas, por mejor dezir; acabamos de comer, aun yo nunca empeçaua: y luego me vino otro sobresalto, que fue ver le andar solicito, quitando clauos de paredes y buscando tablillas: Con las quales, clauo y cerro todos los agujeros de la vieja arca.

O Señor

O mon Seigneur, di-ie alors, à cõbien de miseres, & fortunes & desastres, sont exposez les viuants! Et combien peu, durent les plaisirs, de ceste nostre penible vie! Me voi ci qui pensois, auec ce pauure & triste remede, soulager & passer ma misere, & estois ja d'autãt alegre & de bonne aduenture. Mais ma desfortune ne l'a voulu, départant à ce chiche de mon maistre & lui prestãt plus de diligence que celle qu'il auoit de soy (Puis, les miserables, pour la plus grand' part, iamais ne sont priuez	O Señor mio (dixe yo entonces) a quanta miseria y fortuna y desastres, estamos puestos los nascidos, y quan poco turan los plazeres desta nuestra trabajosa vida! He me aqui, que pensaua con este pobre y triste remedio, remediar y passar mi lazeria: y estaua ya quanto que alegre y de buen auentura: Mas no quiso mi desdicha, despertãdo a este lazerado de mi amo y poniendo le mas diligencia de la que el de suyo se tenia (pues los miseros, por la mayor parte, nunca de aquella carecen

uez d'icelle) Afin que fermant maintenant les trous du cofre, il fermaſt la porte à mon réconfort, & l'ouuriſt a mes trauaux.

Ie lamentois ainſi pendãt que mon ſoliciteux Charpentier, auec pluſieurs cloux & plãchettes, donna fin à ſes œuures, diſant: Maintenant, meſſieurs les traitres de Rats; il vous cõuient changer d'auis, car vous aurés mauuais acqueſt en ceſte maiſon.

Dés qu'il fut ſorti de ſa maiſon, i'allai veoir l'œuure, & trouuai qu'il n'auoit laiſſé au pauure &

carecen) agora cerrando los agujeros del arca, cerraſſe la puerta a mi conſuelo, y la abrieſſe a mis trabajos.

Aſſi lamentaua yo, en tanto que mi ſolicito Carpintero, con muchos clauos y tablillas, dio fin a ſus obras, diziendo: Agora dueños traydores ratones, conuiene os mudar propoſito, que en eſta caſa mala medra teneys.

De que ſalio de ſu caſa, voy a ver la obra, y halle que no dexo en la triſte

y

& vieux cofre, aucun trou, ni encores par où y peust entrer vn Moucheron.

J'ouure auec mon inutile clef, sans esperance d'en tirer profit : Et veis les deux ou trois pains entamez, ceux que mon maistre croyoit estre ratonnez. Et d'iceux toutefois ie tiray aucune chicheté, les touchant fort legerement à la façon d'vn Escrimeur adextre.

Comme la necessité soit si grande maistresse, me voiāt auec telle faim, nuit & iour i'estois premeditant, la maniere que ie tiendrois à soustenir

y vieja arca, algun agujero, ni aun por donde le pudiesse entrar vn Moxquito.

Abro con mi desaprouechada llaue, sin esperança de sacar prouecho : y vi los dos o tres panes començados, los que mi amo creyo ser ratonados : y dellos todauia saque alguna lazeria, tocando los muy ligeramente a vso de esgremidor diestro.

Como la necessidad sea tan gran maestra, viendo me con tanta hambre, noche y dia estaua pensando la manera que ternia en sustentar

soustenir le viure. Et pense, pour trouuer ces noirs remedes, que la faim m'estoit lumiere: Puis que l'on dit que l'esprit s'excite auec elle, & au contraire auec la saturité. Et ainsi estoit en moy, pour certain.	sustentar el biuir: y pienso para hallar estos negros remedios, que me era luz la hambre, pues dizen que el ingenio con ella se auisa, y al contrario con la hartura: y assi era por cierto en mi.
Or estant vne nuit resueillé en ce pensement, pensant cóme ie me pourrois seruir & tirer profit du cofre, ie sentis que mon maistre dormoit: Pour ce qu'il le monstroit auec le ronfler & en quelques gráds souflements qu'il donnoit, quand il estoit dormant.	Pues estando vna noche desuelado, en este pensamiento, pensando como me podria valer y aprouechar me del arcaz, sinti que mi amo dormia, porque lo mostraua, con roncar, y en vnos grandes resoplidos que daua, quando estaua durmiendo.
Ie me leuay fort coyement	Leuante me muy quedito

coiemét, & de iour aiant pensé à ce que ie deuois faire, & laissé vn vieil cousteau qui trainoit par là, en lieu où ie le trouuerois, i'allai au pauure cofre: Et par où ie l'auois veu auoir moins de deffence, ie le cauaï auec le cousteau: Car i'vsaï d'icelui, en maniere de ville-brequin. Et comme ie trouuois l'antique cofre (pour estre de tant d'ans) sans force & courage, ains ploïable & mangé de Vers, incótinent se rendoit à moy, & consentoit vn bon trou en son costé, pour mon remede.	quedito, y auiendo en el dia pensado lo que auia de hazer, y dexado vn cuchillo viejo que por alli andaua, en parte do le hallasse: voyme al triste arcaz, y por do auia mirado tener menos defensa, le acometi con el cuchillo, que a manera de barreno del vse. Y como la antiquissima arca, por ser de tantos años, la hallasse sin fuerça y coraçon, antes muy blanda y carcomida: luego se me rindio y consintio en su costado, por mi remedio, vn buen agujero.
Ceci fait, i'ouure fort	Esto hecho, abro muy

| fort doucement le côfre nauré: Et au toucher du pain, que ie trouuaï entamé, ie fis selon ce qui est escrit. | muy passo la llagada arca: y al tiento del pan que halle partido, hize segun de yuso esta escrito. |

Auec cela, aucunement consolé, le refermant m'en retournaï à mes pailles, sur lesquelles ie reposay & dormis vn peu. Ce que ie faisois mal, & rejettois au non máger. Et aussi estoit ce, car certes en ce temps, les soucis du Roï de France, ne me deuoient retrancher le somme.

Le lendemain, le dómage fut veu par le Seigneur mon maistre, tát du pain, comme du trou que i'auois

Con aquello algun tanto consolado, tornando a cerrar me bolui a mis pajas, en las quales repose y dormi vn poco. Lo qual yo hazia mal y echaua lo al no comer, y assi seria, porque cierto en aquel tiempo, no me deuian de quitar el sueño, los cuïdados del Rey de Francia.

Otro dia, fue por el Señor mi amo visto el daño, assi del pan, como del agujero que yo auia

i'auois fait. Et commence à donner au diable les rats, & dire: Que dirons nous à ceci? Iamais n'auoir senti de rats en ceste maison, sinon maintenant.

Et sans doute il deuoit dire vray, pour ce que s'il y deuoit auoir maison au Roiaume iustement priuilegée d'iceux, cette là, de raison, le deuoit estre, pource qu'ils n'ont coustume de demeurer, où il n'y a que manger.

Il retourne chercher des cloux & petits ais par la maison & par les murs, pour les estouper.

La nuict venue & son repos, incōtinēt i'estois

yo auia hecho: y començo a dar al diablo los ratones, y dezir: Que diremos a esto? Nunca auer sentido ratones en esta casa, sino agora.

Y sin duda, deuia de dezir verdad, porque si casa auia de hauer en el reyno justamente dellos preuilegiada, aquella de razon auia de ser, porque no suelen morar, donde no ay que comer.

Torna a buscar clauos por la casa, y por las paredes, y tablillas a atapar selos:

Venida la noche y su reposo, luego yo era

j'estois sur pieds a-
uec mon apareil: Et
autāt qu'il en estou-
poit de iour, i'en dé-
toupois de nuit.

En telle maniere
fut il, & nous don-
nasmes telle haste,
que sans doute se
deuoit dire pour ce-
ci : *Où vne porte se fer-*
me, vne autre s'ouure.

Finalement, nous
semblions auoir la
toille de Pénelopé à
tasche, puis qu'au-
tant qu'il en tissoit
de iour, i'en rom-
pois de nuit.

En peu de iours &
nuits, nous mismes
la pauure despence
en telle forme, que
qui eust voulu pro-
premēt parler d'elle
l'eust plustost nom-
mée

yo era puesto en
pie, con mi aparejo:
y quantos el tapa-
ua de dia, destapaua
yo de noche.

En tal manera
fue, y tal priessa nos
dimos, que sin duda
por esto se deuio
dezir : Donde vna
puerta se cierra, o-
tra se abre.

Finalmente, pa-
reciamos tener a de-
stajo la tela de Pe-
nelope, pues quan-
to el texia de dia,
rompia yo de no-
che.

En pocos dias y
noches, pusimos
la pobre dispensa
de tal forma, que
quien quisiera pro-
priamente della ha-
blar, mas coraças
viejas

E

mée vieilles cuiras-
ses d'autre temps,
que non cofre: Se-
lon la cloüeure &
pieces, qu'il auoit
sur soy.

Dés qu'il veit son
remede ne lui rien
profiter, il dit: Ce
cofre est si mal trai-
té & de matiere si
vieille &foible,que
il n'y aura Rat à qui
il se défende: Et de-
uient ja tel, que si
nous tracassons plus
auec lui, il nous laif-
sera sans garde. Et
le pis est encore, que
combien qu'il serue
peu, toutefois de-
faillant, i'en auray
faute & me couste-
ra en achapt d'vn
autre, trois ou qua-
tre realles.

Le

viejas de otro tiem-
po que no arcaz, la
llamara, segun la
clauazon y tachue-
las, que sobre si te-
nia.

De que vio no
le aprouechar na-
da su remedio, di-
xo: Este arcaz esta
tan mal tratado, y
es de madera tan
vieja y flaca, que no
aura raton a quien
se defienda, y va ya
tal que si andamos
mas con el, nos de-
xara sin guarda: y
aun lo peor, que
aunque haze poca,
todauia hara falta,
faltando, y me pon-
dra en costa de otro
tres o quatro rea-
les.

El

Le meilleur remede que ie trouue, puis que celui de iusques ici ne profite, est d'armer par dedans contre ces rats maudits.	El mejor remedio que hallo, pues el de hasta aqui no aprouecha, armare por de dentro a estos ratones malditos.
Incontinent, il cherche vne rattiere empruntée, & auec peleures de fromage qu'il demandoit aux voisins, le croc estoit continuellement armé dans le coffre, lequel estoit pour moy vn singulier aide.	Luego, busco prestada vna ratonera, y con cortezas de queso, que a los vezinos pedia, contino el gato estaua armado dentro del arcaz, lo qual era, para mi, singular auxilio.
Pource que, posé le cas, que ie n'auois besoin de beaucoup de sauces pour máger, toutefois ie me resiouissois auec les peleures du fromage que ie tirois de la ratiere	Porque, puesto caso, que yo no auia menester muchas salsas para comer, todauia me holgaua con las cortezas del queso, que de la ratonera sacaua,

F ij

rattiere: Et fans ceci je n'obmettois le ratonner du pain.

Cóme il euſt trouué le pain ratonné & le fromage mangé & le Rat qui le mangeoit non pris, il ſe donnoit au diable & demãdoit aux voiſins que ce pourroit eſtre: manger le fromage, le tirer de la rattiere, & le Rat ne cheoir ni demeurer dedans: Et trouuer cheute la trampille du Chat.

Les voiſins reſolurent, n'eſtre le Rat celui qui faiſoit ce dommage, pource que c'euſt eſté le moins, qu'il y euſt peu cheoir aucune fois.

caua: y ſin eſto, no perdonaua el ratonar del bodigo.

Como hallaſſe el pan ratonado y el queſo comido y no cayeſſe el raton que lo comia, daua ſe al diablo y preguntaua a los vezinos, que podria ſer: Comer el queſo y ſacar lo de la ratonera, y no caer ni quedar dentro el raton, y hallar cayda la trampilla del gato.

Acordaron los vezinos, no ſer el raton el que eſtĕ daño hazia, porque no fuera menos de auer caydo alguna vez.

Vn

Dixo le

« Vn voisin lui dit, Ie me souuien qu'vne Couleuure souloit côuerser en vostre maison, & ce doit elle estre sans doute. Et y a aparence, que comme elle est longue, elle a moien de prendre l'appast: Et encores que la baculle lui chée sur la teste, côme elle n'entre toute dedans, elle retourne à en sortir.

Ce que cestui dit satissit à tous, & altera fort mon maistre. Et deslors en auant, il ne dormoit si à son aise, que quelque craquemêt de bois qui resonast de nuit, il pensoit estre la Couleuure qui

Dixo le vn vezino, En vuestra casa yo me acuerdo, que solia andar vna Culebra, y esta deue de ser sin duda: y lleua razon, que como es larga, tiene lugar de tomar el ceuo, y aunque le coja la trampilla en cima, como no entre toda dentro, tornase a salir.

Quadro a todos lo que aquel dixo, y altero mucho a mi amo: y dende en adelante no dormia tan a sueño suelto, que qualquier gusano de la madera que de noche sonasse, pensaua ser la culebra que

E iij

qui lui rongeoit le cofre.

Incōtinent, eſtoit leué ſur pieds, & a-uec vn baſton qu'il mettoit à ſon cheuet, depuis qu'ils lui eurent dit ceci, il donnoit de grandes baſtonnades ſur la pechereſſe d'arche, penſant eſpouuāter la Couleuure.

Il eſueilloit les voiſins auec le bruict qu'il faiſoit, & ne me laiſſoit dormir. Il ſ'en venoit à mes pailles, & les retournoit & moï auec elles, penſant qu'elle ſ'en venoit vers moï & ſ'enueloppoit en mes pailles, ou en mon ſaye : Pource qu'ils lui diſoient, qu'il

bra, que le roya el arcaz.

Luego era pueſto en pie, y con vn garrote que a la cabecera (deſde que aquello le dixeron) ponia, daua en la pecadora del arca; grandes garrotazos penſando eſpantar la Culebra.

A los vezinos deſpertaua con el eſtruendo que hazia, y a mi no dexaua dormir. Yua ſe a mis pajas, y traſtornaua las y a mi con ellas, penſando que ſe yua para mi y ſe emboluia en mis pajas o en mi ſayo, porque le dezian, que

qu'il aduenoit de nuit à ces animaux, cherchant chaleur, de venir aux berceaux où soient des creatures, & encor' de les mordre & les faire mourir.	que de noche acaecia a estos animales, buscando calor, yr se a las cunas donde estan criaturas, y aun mordellas y hazer les peligrar.
Ie faisois le plus souuent de l'endormi, & au matin il me disoit: N'as tu rien senti ceste nuit garçon? Or i'aï erré apres la Couleuure, & pense encor' qu'elle doit aller vers toy au lit: Car elles sont fort froides, & cherchent la chaleur.	Yo los mas vezes hazia del dormido, y en la mañana dezia me el: Esta noche moço, no sentiste nada; Pues tras la Culebra anduue, y aun pienso se ha de yr para ti a la cama, que son muy frias y buscan calor.
Plaise à Dieu, qu'elle ne me morde (disois ie) car ie l'a crains assez.	Plega a Dios que no me muerda (dezia yo) que harto miedo le tengo.
De ceste maniere il alloit	Desta manera andaua

E iiij

il alloit si esueillé & afranchi du somme que ma foy la Couleuure, ou le Couleuure, pour mieux dire, n'osoit ronger de nuit, ni s'aprocher du cofre. Mais ie faisois mes sauts de iour, pendant qu'il estoit en l'eglise ou par le Bourg.

Voyant lesquels dommages & le peu de remede qu'il y pouuoit mettre, il erroit de nuit (comme ie dis) faisant l'enragé.

I'eus crainte qu'auec ces diligences il ne me trouuast auec la clef, que i'auois sous mes pailles: Et me sembla le plus seur, de l'a mettre de

andaua tan eleuado y leuantado del sueño, que mi fe la Culebra, o el Culebro, por mejor dezir, no osaua roer de noche, ni leuantar se al arcaz. Mas de dia, mientra estaua en la yglesia o por el lugar, hazia mis saltos.

Los quales daños viendo el y el poco remedio que les podia poner, andaua de noche (como digo) hecho trasgo.

Yo vue miedo que con aquellas diligécias no me topasse con la llaue, que debaxo de las pajas tenia: y parecio me lo mas seguro, metella de

de nuit en ma bouche : Pource que ja, dès que i'eſtois auec l'aueugle, ie l'auois ſi bien faite bource, qu'il m'auenoit d'auoir en icelle douze ou quinze marauedis, tout en demies blāques, ſans qu'ils me deſtourbaſſent le manger. Pource que d'autre maniere, ie n'eſtois ſeigneur d'vne blāque que le maudit aueugle ne trouuaſt : Ne laiſſant couſture ni rapiecement, qu'il ne me cherchaſt fort ſongneuſemēt.

Or, ainſi cōme ie dis, ie mettois chacune nuit la clef en ma bouche, & dormois ſans ſouci que le

de noche en la boca, porque ya deſde que biui con el ciego, la tenia tan hecha bolſa, que me acaeccio tener en ella doze o quinze marauedis, todo en medias blancas, ſin que me eſtoruaſſen el comer : Porque de otra manera, no era ſeñor de vna blanca, q̃l maldito ciego no cayeſſe con ella: no dexando coſtura ni remiendo, que no me buſcaua muy amenudo.

Pues aſſi, como digo, metia cada noche la llaue en la boca, y dormia ſin recelo, que el

E v

le brusque de mon maistre l'a trouuast. Mais quand la desfortune doit venir, la diligence est de surplus.

Mes déstins, ou (pour mieux dire) mes pechez, voulurent, qu'vne nuict que i'estois dormát, la clef se mit de telle maniere & posture en ma bouche, que ie deuois auoir ouuerte, que l'air & vent que ie iettois en dormant, sortoit par le bout de la clef, qui estoit de cuiure, & sifloit (selon que mon desastre vouloit) fort haut. De telle maniere, que l'estourdi de mon maistre l'oioit

el bruxo de mi amo cayesse con ella: Mas quando la desdicha ha de venir, por de mas es diligencia.

Quisieron mis hados, o (por mejor dezir) mis pecados, que vna noche que estaua durmiendo, la llaue se me puso en la boca que abierta deuia tener, de tal manera y postura, quel ayre y resoplo que yo durmiendo echaua, salia por lo hueco de la llaue (que de cañuto era) y siluaua (segun mi desastre quiso) muy rezio. De tal manera que el sobresaltado de mi amo, lo oyo,

oit & croyoit sans doute, estre le sifflet de la Couleuure. Et certainement, il lui deuoit resembler.

Il se leue fort coïement auec son baston en la main, & au tastonner & son de la couleuure, s'aproche de moi auec grande tranquilité, pour n'estre senti de la couleuure. Et cóme il s'en veit pres, il presume, qu'elle s'en estoit venue là à ma chaleur & dãs les pailles où i'estois estendu. Et esleuant le pal (pensant l'a tenir dessoubs & lui donner tel coup de baston, qu'il l'a tuast) auec toute sa force me descharge sur

oyo, y creyo sin duda ser el siluo de la Culebra: Y cierto, lo deuia parecer.

Leuanto se muy passo con su garrote en la mano, y al tiento y sonido de la Culebra, se llego a mi con mucha quietud, por no ser sentido de la Culebra. Y como cerca se vio, penso que alli en las pajas do yo estaua echado al calor mio se auia venido: y leuantando bien el palo, pensando tener la debaxo, y dar le tal garrotazo, que la matasse: Con toda su fuerça, me descarga en

E vj

sur la teste si grand coup, qu'il me laissa sans aucun sentimét & fort mal accommodé.

Comme il sentit qu'il m'auoit frapé, selon que ie deuois monstrer grand resentiment du fier coup il comptoit, qu'il s'estoit approché de moy, & m'apellāt à haute voix par mon nom, auoit tasché de m'esueiller.

Mais cōme il me touchast auec les mains, il sentit l'abondance de sang qui sortoit de moy, & conneust le dommage qu'il m'auoit fait. Et en grand' diligéce alla chercher de la

en la cabeça tan gran golpe, que sin ningun sentido y muy mal descalabrado me dexo.

Como sintio que me auia dado, segun yo deuia hazer gran sentimiento, con el fiero golpe, contaua el que se auia llegado a mi, y dando me grandes bozes, llamando me, procuro recordar me.

Mas como me tocasse con las manos tento la mucha sangre que se me yua, y conocio el daño que me auia hecho. Y con mucha priessa fue a buscar lumbre

de la lumiere, & approchant auec icelle, me trouue plaignant, toutes fois auec ma clef en la bouche, que iamais ie n'abandónay : La moitié, presque, dehors, de la maniere qu'elle deuoit estre, alors que ie sifflois auec elle.

Le tueur de Couleuures espouuãté quelle pourroit estre ceste clef, l'a regarde, me l'a tirant du tout de la bouche : Et veit ce qui estoit, pource qu'és gardes elle ne differoit en rien à la sienne. Il alla incontinent l'esprouuer, & auec icelle aprouua le malefice.

lumbre, y llegando con ella, hallo me quexando : Todauia con mi llaue en la boca, que nunca la desampare : La mitad fuera bien de aquella manera, que deuia estar al tiempo que siluaua con ella.

Espantado el matador de Culebras, que podria ser aquella llaue, miro la, sacando me la del todo de la boca: y vio lo que era, porque en las guardas nada de la suya diferenciaua. Fue luego a prouglla, y con ella prouo el maleficio.

Le

Deuio

Le cruel Chaſſeur deuoit bien dire, I ay trouué le Rat & la couleuure, qui me faiſoiét la guerre, & mangeoient mon bien.

De ce qui ſucceda en ces trois iours ſuiuáts, ie n'en donneray aucune foy: Pource que ie les paſſay, dans le ventre de la Baleine.

Mais, comme de ceci que i'ay compté: Depuis que ie fus retourné en moy, ie l'oüis dire à mon maiſtre. Lequel le comptoit au long, à autant qu'il en venoit là.

Au bout de trois iours, ie retournay en mon ſentiment,
&

Deuia de dezir, el cruel caçador, El Raton y Culebra que me dauan guerra y me comian mi hazienda, he hallado.

De lo que ſuccedio, en aquellos tres dias ſiguientes, ninguna fe dare : porque los tuue en el vientre de la Balena.

Mas de como eſto que he contado, oi (deſpues que en mi torne) dezir a mi amo, el qual a quátos alli venian, lo contaua por extenſo.

Al cabo de tres dias, yo torne en mi ſentido,
y

& me veis couché en mes pailles: La teste toute emplastrée & pleine d'huiles & vnguents. Et espouuanté, ie dis: Qu'est cecy?

Le cruel Presbtre me respondit: En bône foy, ce sont les Rats & Couleuures qui me destruisoiét que i'ay ja chassez.

Et ie me contemplay, & me veis si mal traité, qu'incótinent ie soupçónay mon mal.

Alors entra vne vieille qui medecinoit, auec les voisins: Et cómençent à m'oster les emplastres de la teste, & curer la bastónade.

Et comme ils me trouuerent

y vi me echado en mis pajas: La cabeça toda emplastada y llena de azeytes y vnguentos, y espantado dixe: Que es esto?

Respondio me el cruel Sacerdote, A fe que los Ratones y Culebras que me destruyan, ya los he caçado.

Y mire por mi, y vi me tan mal tratado, que luego sospeche mi mal.

A esta hora entro vna vieja que ensalmaua, y los vezinos: y comiençan me quitar trapos de la cabeça, y curar el garrotazo.

Y como me hallaron

trouuerēt retourné en mon sentiment, ils s'en resiouïrent fort, & dirent: Puis qu'il est retourné en son souuenir, ce ne sera rien, s'il plaist à Dieu.

Ils retournerēt de nouueau à compter mes infortunes & à les gausser, & moy pauuret, à les plorer.

Auec tout cecy, ils me dónerent dequoy manger, car i'estois trāsi de faim & à peine me peurent rassasier. Et ainsi, peu à peu, ie me leuay au bout des quinze iours & fus sans peril, mais non sans faim, & demi gueri.

Dés

hallaron buelto en mi sentido, holgaron se mucho, y dixeron : Pues ha tornado en su acuerdo, plazera a Dios no sera nada.

Ay tornaron de nueuo a contar mis cuytas y a reyr las, y yo pecador a llorar las.

Con todo esto, dieron me de comer, que estaua transido de hambre, y a penas me pudieron remediar: y assi de poco en poco, a los quinze dias me leuante, y estuue sin peligro, mas no sin hambre, y medio sano.

Luego

Dés le lendemain que ie fus leué, le Seigneur mon maistre me print par la main, & me tira hors la porte: Et sorti en la rue, me dit: Lazare, d'ores en auant tu seras tien & non mien: Cherche maistre, & t'en va auec Dieu: Car ie ne veux en ma compagnie, de si diligent seruiteur: Il est impossible que tu n'aïe esté garçon d'aueugle.

Et faisant le signe de la Croix de me veoir, cóme si i'eusse esté demoniaque, s'en retourna entrer en sa maison, & ferma sa porte.

Luego otro dia que fuy leuantado, el Señor mi amo me tomo por la mano, y saco me la puerta fuera: y puesto en la calle dixo me: Lazaro, de oy mas eres tuyo y no mio, Busca amo, y vete con Dios, que yo no quiero en mi compañia tan diligente seruidor: No es possible, sino que ayas sido moço de ciego.

Y santiguando se de mi, como si yo estuuiera endemoniado, se torna a meter en su casa, y cierra su puerta.

COMME LAZA-
re se mit auec vn ~~Escuier~~, & de ce qui lui aduint auec lui.

COMO LAZA-
ro se assento con vn Escudero, y de lo que le acaecio con el.

DE ceste manie-dre ie fus forcé de tirer forces de foiblesse. Et peu à peu, auec l'aide des bonnes gens, ie m'a-cheminay en ceste insigne Cité de To-lede. Où, par la gra-ce de Dieu, en quin-ze iours, ma plaïe se ferma.

Or pendant que i'estois malade, on me donnoit tous-iours quelque au-mosne: Mais depuis que ie fus gueri, ils me disoiét tous: Tu es vn vaurien & ga-lefretier. Cherche, cherche

DESTA manera me fue forçado sacar fuerças de fla-queza: y poco a po-co, con ayuda de las buenas gétes, di comigo en esta insi-gne Ciudad de To-ledo, adonde con la merced de Dios, dé-de a quinze dias, se me cerro la herida.

Y mientras esta-ua malo, siempre me dauan alguna limosna: Mas de-spues que estuue sa-no, todos me dezi-an: Tu vellaco y ga-llofero eres: Busca, busca

cherche vn maistre, à qui tu serues.

Et où se trouue-roit il (disois-ie en moi-mesme) si Dieu ne le créoit maintenant de nouueau, comme il créa le Monde?

Errant ainsi descouurãt de porte en porte, auec fort peu d'acquest; Pource que la charité estoit ja montée au Ciel: Dieu m'adressa auec vn Escuier qui alloit par la rue auec raisonnable vestement. Bien peigné, son pas & maintien en ordre.

Il me regarda, & moy lui, & me dit: garçonnet, cherche tu maistre?

busca vn amo, a quien siruas.

Y adonde se hallara esse? (dezia yo entre mi) si Dios agora de nueuo (como crio el Mundo) no lo criasse.

Andado assi discurriendo de puerta en puerta, con harto poco remedio (porque ya la charidad se subio al cielo) topo me Dios con vn Escudero que yua por la calle con razonable vestido: Bien peynado Su passo y compas en orden.

Miro me, y yo a el, y dixo me: Mochacho, buscas amo?

Ie   Yo

Ie lui dis : Ouy, Monsieur.

Or vien t'en donc apres moy, me respondit il: Car Dieu t'a fait grace, en t'adressant auec moy. Tu as dit auiourd'hui quelque bonne oraison.

Ie le suiuis, loüant Dieu, pour cela que i'auois ouy : Et aussi, pource qu'il me sembloit estre celui dont i'auois besoin, selon son habit & contenance.

Il estoit matin, quand ie rencôtray ce mien troisiesme maistre. Et il me traina apres lui, par la plus part de la Cité.

Nous passions par les places où se vendoit

Yo le dixe, Si Señor.

Pues ven te tras mi (me respondio) que Dios te ha hecho merced, en topar comigo: Alguna buena oracion rezaste oy.

Yo segui le, dando gracias a Dios por lo que lo oy, y tambien que me parecia, segun su habito y continente, ser el que yo auia menester.

Era de mañana, quando este mi tercero amo tope : y lleuo me tras si por la gran parte de la Ciudad.

Passamos por las plaças do se vendia

doit le pain & autres prouisions. Ie pensois, & encores desirois, que là il me vouloit charger de ce qui s'y vendoit: Pource que c'estoit l'heure propre en laquelle on a acoustumé se pouruoir, de ce qui est necessaire. Mais il passoit par ces choses, à grands pas.

Par aduenture ne le veoit il ici à son gré (disois-ie) & voudra que nous en achetions, en autre endroit.

De cette maniere nous cheminasmes, iusques à ce qu'vnze heures sonnerét. Alors il entra en l'eglise cathedrale, & moy

dia pan y otras prouisiones. Yo pensaua, y aun desseaua, que alli me queria cargar de lo que se vendia: Porque esta era propria hora, quando se suele prouer, de lo necessario: Mas muy a tendido passo, passaua por estas cosas.

Poruentura, no le vee aqui a su contento (dezia yo) y querra que lo compremos en otro cabo.

Desta manera anduuimos hasta que dio las onze. Entonces se entro en la yglesia mayor, y yo

moy apres lui: Et le veis ouyr Messe & les autres diuins offices fort deuotemét, iusqu'à ce que tout fust acheué, & le peuple retiré.

Alors nous sortismes de l'Eglise, & à bon pas tendu nous cómençasmes à descendre par vne rue. I'allois le plus alegre du monde, de veoir que nous ne nous estiós amusez, à chercher dequoy disner. Ie consideray bien, que mon nouueau maistre, deuoit estre hóme, qui se pouruoyoit en mesnager, & que ja la viande seroit preste, & telle cóme ie l'a desirois, & encores

yo tras el : y muy deuotamente le vi oyr Missa y los otros oficios diuinos, hasta que todo fue acabado, y la gente yda.

Entonces salimos de la yglesia, y a buen passo tendido començamos a yr por vna calle abaxo. Yo yua el mas alegre del mundo, en ver que no nos auiamos ocupado, en buscar de comer. Bien considere, que deuia ser hombre mi nueuo amo, que se proueya en junto, y que ya la comida estaria a punto, y tal como yo la desseaua, y aun la

cores en auois be-
soin.

En ce temps, l'horloge sonna vne heure apres midi. Et nous arriuasmes à vne maison, deuant laquelle mon maistre s'aresta, & moy auec lui. Et estendit le bout de la cappe sur le costé gauche, tire vne clef de la manche, & ouure sa porte. Et entrasmes en la maison, laquelle auoit l'entrée obscure & lugubre: De telle maniere, qu'il sembloit qu'elle faisoit peur à ceux qui entroient en icelle, encores qu'au dedans d'icelle y eust vne petite cour & mediocres chambres.

Dés

la auia menester.

En este tiempo, dio el relox la vna despues de medio dia: y llegamos a vna casa, ante la qual mi amo se paro, y yo con el: y derribando el cabo de la capa sobre el lado yzquierdo, saco vna llaue de la manga, y abrio su puerta, y entramos en casa, la qual tenia la entrada obscura y lobrega: De tal manera, que parecia que ponia temor a los que en ella entrauan, aunque dentro della, estaua vn patio pequeño y razonables camaras.

Desque

Dés que nous fus-
mes entrez, il oste sa
cappe de sur soy, &
demãdant si i'auois
les mains nettes, l'a
secoüasmes & ploi-
asmes. Et soufflant
fort nettement vn
baston qui estoit là,
l'a mit sur icelui.

Ceci fait, il s'assit
pres d'icelle, m'en-
querãt fort au long,
d'où i'estois, & com-
me i'estois venu en
cette Cité. Et ie lui
enfis plus long recit
que ie ne voulois,
pourcequ'il me sem
bloit heure plus cõ-
uenable, de cõman-
der de mettre la na-
pe & vuider le pot,
que de ce qu'il me
demandoit.

Auec tout ceci, ie
le

Desque fuymos
entrados, quita de
sobre si su capa : y
preguntando si te-
nia las manos lim-
pias, la sacudimos
y doblamos, y muy
limpiamente sopla-
do vn poyo que alli
estaua, la puso en el.

Hecho esto, sento
se cabo della, pre-
guntando me muy
por extenso, de don
de era, y como auia
venido a aquella ci-
udad: y yo le di mas
larga cuenta que
quisiera, porque me
parecia mas conue-
niente hora de mã-
dar poner la mesa
y escudillar la olla,
que de lo que me
pedia.

Con todo esto, yo
le

le satisfis de ma per-
sonne, le mieux que
ie sçeuz mentir: Di-
sant mes biens, &
taisant le surplus,
pource qu'il me pa-
roissoit n'estre pour
reciter en chãbre.

Ceci fait, ie fus
ainsi vn peu: Et in-
continent ie veis vn
tres mauuais signal,
pour estre ja quasi
deux heures, & ne
le veoir plus desi-
reux de disner, que
vn mort.

Apres ceci, ie con-
siderois qu'il tenoit
la porte fermée à la
clef, & que ie n'oi-
ois en haut ni en bas
par la maison, pas
de personne viuan-
te.

Tout ce que i'y a-
uois veu

le satisfize de mi
persona, lo mejor
que mentir supe, di-
ziendo mis bienes y
callando lo de mas,
porque me parecia
no ser para en ca-
mara.

Esto hecho, estu-
uo assi vn poco: y
yo luego vi mala se-
ñal, por ser ya casi
las dos, y no le ver
mas aliento de co-
mer que a vn muer-
to.

Despues desto,
consideraua aquel
tener cerrada la pu-
erta con llaue, ni
sentir arriba ni aba-
xo, passos de biua
persona, por la ca-
sa.

Todo lo que auia
visto

F

uois veu, estoiét parois : Sans veoir en icelle Scie, ni taillát ni banc, ni table, ni encore vn tel coffre comme celui de la Couleuure. Finalemét, elle paroissoit, maison enchantée.

Estant ainsi, il me dit: As tu disné, garçon?

Non monsieur, di ie, car huit heures n'estoient encores sonnées, quand ie me suis rencontré auec vous.

Or encor qu'il fust matin (dit il) i'auois desieuné. Et ie te fais sçauoir, quád i'en fais autant, que ie suis ainsi iusqu'à la nuit. Partát, passe toi comme tu pourras,

visto, eran paredes: Sin ver en ella silleta, ni tajo, ni banco, ni mesa, ni aun tal arcaz, como el de la culebra. Finalmente ella parecia casa encantada.

Estando assi, dixo me : Tu moço has comido?

No señor, dixe yo, que aun no eran da das las ocho, quando con vueza mested encontre.

Pues aunque de mañana, yo auia almorzado; y quando assi comio algo, hago te saber que hasta la noche me estoy assi. Por esso, passa te como pudieres,

pas, car apres nous soupperons.

Vous croirés, mósieur, que quád i'ouis ceci, peu s'en falut que ie ne cheuz de mon haut: non tant de faim, cóme pour connoistre la Fortune m'estre aduerse, du tout en tout.

Mes fatigues se representerent lors à moy, & retournay à pleurer mes trauaux.

Là me reuint à la memoire, la consideration que ie faisois, quand ie m'en pensois aller d'auec le Prestre: Disant, qu'encores qu'il fut chetif & miserable, parauanture ie me rencontrerois auec vn

eres, que despues cenaremos.

Vuestra merced crea quando esto le oi, que estuue en poco de caer de mi estado: No tanto de hambre, como por conocer de todo en todo la Fortuna ser me aduersa.

Alli se me representaron de nueuo mis fatigas, y torne a llorar mis trabajos.

Alli se me vino a la memoria la consideracion que hazia, quádo me pensaua yr del Clerigo: Diziendo, que aunque aquel era desuenturado y misero poruentura toparia con otro

F ij

vn autre pire.

Finalement ie ploray lors ma fatigable vie passée & ma prochaine mort future, & auec le tout dissimulãt le mieux que ie péu, ie lui dis: mõsieur, ie suis garçon qui ne me fatigue fort pour le mãger, Dieu merci : Ie me pourray vanter de ceci, entre tous mes égaux, pour de meilleur gosier : Et ainsi ay-ie esté loüé d'icelui, des maistres que i'ay euz iusqu'à auiourd'hui.

C'est vne vertu, di-il, & pour ceci ie t'aimerai d'auãtage Car le saouler conniẽt aux pourceaux, & le manger reiglé, aux

con otro peor.

Finalmente, alli llore mi trabajosa vida passada, y mi cercana muerte venidera : y con todo, dissimulãdo lo mejor que pude, le dixe : Señor, moço soy que no me fatigo mucho por comer, bendito Dios: Desso me podre yo alabar entre todos mis yguales, por de mejor garganta : y assi fuy yo loado della, hasta oy dia, de los amos que yo he tenido.

Virtud es essa, dixo el, y por esso te querre yo mas: Porque el hartar es de los puercos, y el comer regladamẽte es

aux hommes vertueux.	es de los hombres de bien.
Je t'ay bien entendu (di-ie en moi mesme) Maudite telle medecine & bóté, que ces miens maistres que ie trouue, trouuent en la faim.	Bien te he entendido, dixe yo entre mi: Maldita tanta medicina y bondad como aquestos mis amos que yo hallo, hallan en la hambre.
Je me mis en vn coing de la porte, & tirai quelques bribes de pain du sein, qui m'estoient demeurées de ceux de ma quêste.	Puse me a vn cabo del portal, y saque vnos pedaços de pan del seno, que me auian quedado de los de por Dios.
Lui qui veit ceci, me dit: Vien-çà garçon, que mange tu?	El que vio esto, dixo me: Ven aca moço, que comes?
Je m'aprochai de lui, & lui monstray le pain.	Yo llegue me a el, y mostre le el pan.
Il m'en prend vn morceau, de trois qui y estoient, le meilleur	Tomo me el vn pedaço, de tres que eran, el mejor

F iiij

meilleur & le plus grand. Et me dit: par ma vie, ce pain paroist estre bon.	mejor y mas grande: y dixo me, Por mi vida, que parece este buen pan.
Et cóment maintenát est il bon, Seigneur? (di-ie.	Y como agora (dixe yo) Señor es bueno?
Si est ma foy, dit il, D'où l'as tu eu? Est il paistri de mains nettes?	Si a fe, dixo el. Adonde lo vuiste? Si es amassado de manos limpias.
Ie n'en sçay rien, (lui di-ie) mais le goust d'icelui ne me desgouste.	No se yo esso, le dixe: Mas a mi no me pone asco el sabor dello.
Plaise à Dieu qu'il le soit, dit le pauuret de mon maistre. Et le portant à la bouche, cómença à donner en icelui d'aussi fieres bouchées, comme moï en l'autre.	Assi plega a Dios, dixo el pobre de mi amo. Y lleuando lo a la boca, començo a dar en el tan fieros bocados, como yo en lo otro.
Par Dieu (dit il) ce pain est tres-sauoureux.	Sabrosissimo pan esta (dixo el) por Dios.

uoureux.

Et cóme ie sentis de quel pied il clochoit, ie me hastay: pourceque ie le veis en disposition, s'il acheuoit auát moi, qu'il se conuieroit à m'aider à ce qui me resteroit. Et ainsi, nous acheuasmes, casi ensemble.
Il cómença à secoüer auec les mains, quelque peu de miottes & bien menues, qui lui estoient demeurées sur les boutons : Et entra en vne chambrette qui là estoit, & aporta vn pot esbreché & non fort neuf: Et dés qu'il y eust beu, me conuia auec icelui.

Moy

Dios.

Y como le senti de que pie coxqueaua, di me priessa porque le vi en disposicion, si acabaua antes que yo, se comediria a ayudarme, a lo que me quedasse : y con esto, acabamos casi a vna.
Començo a sacudir con las manos, vnas pocas de migajas y bien menudas, que en los pechos se le auian quedado : y entro en vna camareta que alli estaua, y saco vn jarro desbocado y no muy nueuo : y desque vuo beuido, combido me con el.

Yo

F iiij

Moï, pour faire du continent, ie lui dis: Monsieur, ie ne boy point de vin.

C'est de l'eau (me respondit il) Tu en peux bien boire.

Alors ie prins le pot, & ne beuz beaucoup: pource que mon angoisse n'estoit de soif.

Nous fusmes ainsi iusqu'à la nuit, discourant des choses qu'il me demãdoit, ausquelles ie lui respondis, le mieux que ie sçeuz.

Lors il me mena en la chambre, d'où estoit le pot dequoi nous beuuions, Et me dit: Garçon, range toy là, & tu verras comme nous ferons

Yo, por hazer del continente, dixe: Señor, no beuo vino.

Agua es (me respondio) bien puedes beuer.

Entonces tome el jarro, y beui no mucho, porque de sed no era mi congoxa.

Assi estuuimos hasta la noche, hablando en cosas que me preguntaua: A las quales yo le respondi, lo mejor que supe.

En este tiempo, metiome en la camara donde estaua el jarro de que beuimos, y dixo me: Moço, para te alli, y veras como hazemos

rons ceste couche, afin que tu l'a sçache faire d'ores en auant.

Je me mis à vn bout & lui à l'autre, & fismes la noire couche, en laquelle n'i auoit beaucoup à faire: pource qu'elle auoit vn raizeau de cannes sur quelques bancs, sur lequel estoit tendue la robe, qui pour n'estre souuét lauée ne paroissoit matelats, ioinct qu'il se seruoit d'icelui auec beaucoup moins de laine qu'il en estoit besoin.

Nous l'estendimes faisant estat de l'amollir, ce qui estoit impossible: Pource que du

mos esta cama, para que la sepas hazer de aqui adelante.

Puse me de vn cabo y el del otro, y hezimos la negra cama, en la qual no auia mucho que hazer: Porque ella tenia sobre vnos bancos vn cañizo, sobre el qual estaua tendida la ropa, que por no estar muy continuada a lauar, se no parecia colchon, aunque se seruia del, con harta menos lana que era menester.

Aquel tendimos, haziendo cuenta de ablandalle, lo qual era impossible: porque

F v

que du dur, dificilement se peut faire le mol.

Le diable de lict, auoit si peu de chose dans soy, que mis sur le raizeau, toutes les cannes se signaloient & resembloient, au propre entrecoste d'vn tres maigre pourceau.

Sur cet afamé matelats, vn loudier du mesme dessus, la couleur duquel ie ne péuz iamais imaginer.

Le lict faict & la nuict venue, il me dit: Lazare, il est desja tard, & d'ici à la place, y a loing : Et aussi en ceste Cité courent plusieurs larrons, qui volent

que de lo duro, mal se puede hazer blãdo.

El diablo del enxalma, maldita la cosa tenia détro de si, que puesto sobre el cañizo, todas las cañas se señalauan y parecian a lo proprio entrecuesto de flaquissimo puerco.

Sobre aquel hambrièto colchon, vn alfamar del mismo jaez, del qual el color yo no pude jamas alcançar.

Hecha la cama y la noche venida, dixo me: Lazaro, ya es tarde, y de aqui a la plaça ay grã trecho: Tambien, en esta ciudad andan muchos ladrones, que siendo

sent les Capes quãd
il est nuit. Passons
nous comme nous
pourrons, & au ma-
tin, le iour paroif-
sant, Dieu y pour-
ueoira : Car, pour
auoir esté seul, ie ne
suis fourni, ains ay
mãgé ces iours paf-
sez par là dehors:
Mais maintenant,
nous deuons faire
autrement.

Seigneur (di-ie)
n'aïez aucune soli-
citude de moy, car
ie passeray bien vne
nuit & encores plus
sans manger, s'il en
est besoin.

Tu en viuras plus
sain (me respondit
il) car comme nous
disions auiourd'hui
il n'i a telle chose au
monde

siendo de noche,
capean. Passemos,
como podemos, y
mañana veniendo
el dia, Dios hara
merced: Porque yo,
por estar solo, no
estoy proueydo, an-
tes he comido estos
dias por alla fuera,
mas agora hazer lo
hemos de otra ma-
nera.

Señor, de mi (di-
xe yo) ninguna pe-
na tenga vuestra
merced : que bien
se passar vna noche
y aun mas, si es me-
nester, sin comer.

Biuiras mas sa-
no (me respon-
dio) porque como
deziamos oy, no
ay tal cosa en el
mundo

F vj

monde pour viure beaucoup, que manger peu.	mundo para biuir mucho, que comer poco.
Si ceci fait viure, di-ie en moimesme, iamais ie ne mourray : Car i'ay tousiours obserué ceste reigle par force, & encore espere, en mon infortune, l'a tenir toute ma vie.	Si por essa via es, dixe entre mi, nunca yo morire : que siempre he guardado essa regla por fuerça, y aun espero en mi desdicha, a tenella toda mi vida.
Il se coucha en la couche, mettant ses chausses & son juppon pour cheuet, & m'enjoignit de me coucher à ses pieds. Ce que ie fis.	Acosto se en la cama, poniendo por cabeçera las calças y el jubon, y mando me echar a sus pies: Lo qual yo hize.
Mais maudit le somme dont ie dormis, pource que les cannes & mes os pointus, ne cesserét toute la nuit de quereller & s'enflammer. Car	Mas maldito el sueño que yo dormi, porque las cañas y mis salidos huessos, en toda la noche, no dexaron de rifar y encender se: que

Car, pour mes trauaux, maux & famine, ie pense qu'il n'i auoit vne liure de chair en mon corps. Et aussi, cóme ie n'auois presque rien mangé celui iour, i'enrageois de faim, laquelle n'a point d'amitié auec le somme.

La plus-part de la nuit ie me maudis mille fois (Dieu me le pardóne) & ma miserable fortune: Et le pis, ne m'osant remuer, pour ne le resueiller, ie demandaï à Dieu plusieurs fois, la mort.

La matinée venue, nous nous leuasmes & il cómença à nettoïer & secoüer ses chausses

que con mis trabajos, males y hambre, pienso que en mi cuerpo no auia libra de carne : y tambien como aquel dia no auia comido casi nada, rauiaua de hambre, la qual con el sueño no tenia amistad.

Maldixe me mil vezes (Dios me lo perdone) y a mi ruyn fortuna, alli lo mas de la nóche, y lo peor, no osando me reboluer por no despertalle, pedi a Dios muchas vezes muerte.

La mañana venida, leuantamonos: y comienca a limpiar y sacudir sus calças

chausses & jupon, faye & cappe, & ie lui seruois d'escouuette : Et le vestis fort à son loisir, & lui donnay à lauer. Il se peigna & mit son espée à sa ceinture, & pendāt qu'il l'a mettoit, me dit : O si tu sçauiés garçon, quelle piece voici : Il n'i a marc d'or au mōde, pour lequel ie l'a vouluſ ſe donner. Mais auſſi, de tant qu'Anthoine en fit, il ne peut mettre les aciers ſi abiles à aucune, comme ceſte cy les a.	calças y jubon, ſayo y capa, y yo que le ſeruia de peſillo: y viſte ſe me muy a ſu plazer de eſpacio, y eche le agua manos. Peyno ſe y puſo ſe ſu eſpada en el talauarte; y al tiempo que la ponia, dixo me : O ſi ſupieſſes moço, que picça es eſta? No ay marco de oro en el mundo, por que yo la dieſſe. Mas aſſi, ninguna de quantas Antonio hizo, no acerto a ponelle los azeros tan preſtos, como eſta los tiene.
Et l'a tirant de la gaine, l'a taſtoit auec les doits, diſant: Veoy l'a ici? Ie m'oblige	Saco la de la vayna y tento la con los dedos, diziendo Ves la aqui, yo me obligo

blige, de trancher auec elle, vne quenouillée de laine.

Et ie dis en moy-mesme, Et moi auec mes dents (encores qu'elles ne soiét d'acier) vn pain de quatre liures.

Il l'a rengaina & se l'a ceignit, & vn chapelet de grosses pate-nostres d'escharpe. Et auec vn pas tranquille & le corps droit, faisant auec icelui & auec la teste de fort gentils mouuements: Iettant le bout de la Cape soubs l'espaule & par fois soubs le bras, & mettant la main droite au costé, il sortit par la porte, disant: Lazare,

obligo con ella cercenar vn copo de lana.

Y yo, dixe entre mi, con mis dientes (aunque no son de azero) vn pan de quatro libras.

Torno la a meter y ciño se la, y vn sartal de cuentas gruessas del talauarte: y con vn passo sossegado y el cuerpo derecho; haziendo con el y con la cabeça, muy gentiles meneos: Echando el cabo de la capa sobre el ombro y a vezes so el braço, y poniendo la mano derecha en el costado; salio por la puerta, diziendo: Lazaro,

re, pren garde à la
maison, tandis que
ie vay ouïr messe. Et
fay le lit, & va que-
rir de l'eau à la riui-
ere, qui est ici bas.
Ferme la porte à la
clef, qu'on ne nous
desrobe rien, & l'a
mets ici au gond, a-
fin que si ie viens ce
pendant, ie puisse
entrer.

Il monta le long
de la rue auec si gen
til semblât & main-
tien, que qui ne
l'eust conneu, l'eust
pensé estre fort pro
che parêt du Com-
te d'Arcos, ou du
moins son varlet de
chambre, qui l'ai-
doit à vestir.

Benist soiez vous
Seigneur, demeuraï
ie disant

Lazaro, mira por
la casa, en tanto
que voy a oyr missa:
y haz la cama, y ve
por lavasija de agua
al rio que aqui ba-
xo esta: y cierra la
puerta con llaue,
no nos hurten algo:
y pon la aqui al qui-
cio, porque si yo ve-
niere, en tanto pue-
da entrar.

Sube se por la ca-
lle arriba, con tan
gentil semblante y
cótinente, que qui-
en no le conociera,
pensara ser muy
cercano pariente al
Conde de Arcos, o
alomenos camare-
ro, que le daua de
vestir.

Bendito seays vos
Señor (quede yo
diziendo

ie difant, qui enuoï-
ez la maladie, & y
mettrez le remede.

Qui rencontrera
ce mien maistre, qui
ne pense, selon le
contentement qu'il
demonstre en soy;
qu'il ait le soir bien
soupé & dormi sur
vn bon lit: Et enco-
res qu'il soit matin,
ne le compte pour
bien desieuné?
Grands secrets sont
ceux, Seigneur, que
vous faites; & que
les gens ignorent!
Quel ne trompera
cette bonne dispo-
sition & mediocres
cappe & saye? Et
qui pensera que ce
Gentil-homme se
passa hier tout le
iour auec ce mor-
ceau

diziendo) que days
la enfermedad y po-
neys el remedio.

Quien encontrara
a aquel mi señor,
que no piense, se-
gun el contento de
si lleua; auer a no-
che bien cenado y
dormido en buena
cama? y aunque a-
gora es de mañana,
no le cuenta por bi-
en almorzado?
Grādes secretos son
Señor, los que vos
hazeys y las gentes
ignoran!
A quien no enga-
ñara aquella buena
disposicion y razo-
nable capa y sayo? y
quien pensara que
aquel gentil-hōbre
se passo ayer todo el
dia, con aquel men-
drugo

ceau de pain, que son seruiteur Lazare auoit porté vn iour & vne nuit dās le cofre de son sein, où beaucoup de netteté ne s'i pouuoit attacher? Et qu'auiourd'hui, se lauant les mains & la Face, à faute de toüaille à mains, s'est fait seruir de la doubleure de son saie? Personne, sans doute, ne le soupçonneroit.

O Seigneur! Et combien deuez vous auoir de ceux cy espandus par le monde, qui souffrēt pour le mal'heureux qu'ils apellent hôneur, ce qu'ils ne souffriroient pour vous?

J'estois

drugo de pan, que su criado Lazaro truxo vn dia y noche en el arcaz de su seno, do no se le podia pegar mucha limpieza. Y oy lauando se las manos y cara, a falta de paño de manos, se hazia seruir de la halda del sayo. Nadie por cierto, no lo sospechara.

O Señor, y quantos de aquestos deueys vos tener por el mundo derramados, que padecen por la negra que llaman honrra, lo que por vos no sufririan?

Assi

J'estois ainsi à la porte, regardant & considerát ces choses; iusqu'à ce que le seigneur mon maistre eust trauersé la longue & estroitte rue.

Ie retournay entrer en la maison, & en vn *Credo* ie l'a courus toute, haut & bas, sans faire de reprise, ni trouuer en quoy.

Ie fis la noire, dure couche, & prins le pot & m'en allay à la riuiere. Où, en vn Iardin, ie veis mon maistre en gráde requeste, auec deux femmes rebódies, de celles (à les veoir) dont il n'i a faute en ce lieu, ains dont

Assi estaua yo a la puerta, mirando y considerando estas cosas, hasta que el señor mi amo traspuso la larga y angosta calle.

Torne me a entrar en casa, y en vn Credo la anduue toda, alto y baxo, sin hazer represa, ni hallar en que.

Hago la negra, dura cama, y tomo el jarro, y doy comigo en el rio: donde, en vn huerto, vi a mi amo en gran requesta con dos reboçadas mugeres al parecer, de las que en aquel lugar no hazen falta: Antes,

dont plusieurs ont acoustumé de s'en venir les matinées de l'Esté, se rafraichir & desieuner le long de ces fraiches riuieres, sans porter dequoy: Auec confiãce qu'il ne defaudra qui leur en donne, selon que ces gentils-hommes du lieu les entretiennent en ceste coustume.

Comme ie dis, il estoit fait entr'elles vn Macias, leur disant plus de douceurs qu'Ouide n'en escrit. Toutesfois, comme elles sentirent de lui, qu'il estoit bien attendri, elle n'eurẽt point honte de lui demander à desieuner

tes, muchas tienen por estilo de yr so a las mañanicas del verano, a refrescar y almorzar, sin lleuar de que, por aquellas frescas riberas: Con confiança que no ha de faltar quien se lo de, segun las tienen puestas en esta costumbre aquellos hidalgos del lugar.

Como digo, el estaua entre ellas hecho vn Macias, diziendoles mas dulçuras, que Ouidio escriuio. Pero, como sintieron del que estaua bien enternecido, no se les hizo de verguença, pedirle de almorzar

desieuner auec l'a-
coustumé païemét.
Lui, se sentant au-
tant froid de bour-
ce que chaut d'esto-
mach, tel refroidis-
sement lui suruint,
qu'il perdit conte-
nance & cómença à
se troubler en son
deuis, & à donner
des excuses non va-
lables.

Elles, qui deuoient
estre bien instruites,
comme ils sentirent
sa maladie, le laisse-
rent pour celui qu'il
estoit.

Moy, qui man-
geois certains tron-
gnons de Choux, a-
uec lesquels ie des-
ieunaï en grand' di-
ligence: Cóme nou-
ueau garçon, sans
estre

almorzar, con el a-
costumbrado pago.
El sintiendo se tan
frio de bolsa quan-
to caliente del esto-
mago, tomo le tal
calofrio, que le ro-
bo la color del ge-
sto, y començo a
turbar se en la pla-
tica, y a poner escu-
sas no validas.

Ellas que deuian
ser bien instituidas,
como le sintieron
la enfermedad, de-
xaron le para el que
era.

Yo, que estaua
comiendo ciertos
tronchos de verças,
con las quales me
desayune con mu-
cha diligécia: como
moço nueuo, sin
ser

estre veu de mon maistre, ie retournay à la maison: De laquelle ie pensay balier aucune partie, qui en auoit bon besoin; Mais ie ne trouuaï auec quoy. Ie me mis à penser que ie ferois, & me sembla bon d'attendre mon maistre, iusques à ce qu'il fut midi. Et s'il viédroit & aporteroit, par auanture, quelque chose, dequoy disner. Mais mon esperance fut vaine.

Si tost que ie veis estre deux heures, & il ne venoit, & la faim me hastoit; ie fermay ma porte & mis la clef où il m'auoit dit: Et m'en retournaï

ser visto de mi amo, torne a casa: De la qual pense barrer alguna parte, que bien era menester: Mas no halle con que.

Puse me a pensar que haria, y parecio me esperar a mi amo, hasta que el dia de mediasse: y si viniesse, y por uentura traxesse algo que comiessemos: Mas en vano fue mi esperança.

Desque vi ser las dos, y no venia, y la hambre me aquexaua; cierro mi puerta y pongo la llaue do mando: y torno me

tournay à mon me-	torno me a mi me-
stier, auec basse &	nester, con baxa y
debile voix & mes	enferma boz, y in-
mains inclinées au	clinadas mis manos
sein. Dieu mis deuāt	en los senos. Puesto
mes yeux, & ma lan-	Dios ante mis ojos,
gue en son nom, ie	y la lengua en su
cōmencai à deman-	nombre, comienço
der du pain, par les	a pedir pan por las
portes & plus gran-	puertas y casas mas
des maisons, qu'il	grandes, que me
me sembloit.	parecia.
Or, comme i'eusse	Mas como yo este
tetté cet ofice en la	oficio le vuiesse ma-
mammelle, ie veux	mado en la leche,
dire que ie l'appris	quiero dezir, que
auec le grād maistre	con el gran maestro
l'aueugle: Ie sortis	el ciego lo aprendi:
si sufisant disciple,	tan suficiente disci-
qu'encores qu'il n'i	pulo sali, que aun-
eust de charité en ce	que en este pueblo
peuple ni que l'An	no auia caridad, ni
fust fort abondant;	el Año fuesse muy
ie fis si industrieuse-	abundāte; tan bue-
ment, qu'auant que	na maña me di, que
l'Horloge sonnast	antes que el relox
quatre	diesse

quatre heures, j'auois ja autant d'autres liures de pain enfilées dedans le corps, & plus de deux autres, és manches & sein.	dieſſe las quatro, ya yo tenia otras tantas libras de pan enfiladas en el cuerpo, y mas de otras dos en las mangas y ſenos.
Je m'en retournaï à la maiſon, & en paſſant par la triperie, je demanday a vne de ces femmes: Et elle me donna vn morceau d'vngle de Vache, auec vn peu d'autres trippes, cuittes.	Bolui me a la poſada, y al paſſar por la triperia, pedi a vna de aquellas mugeres: y dio me vn pedaço de vña de Vaca, con otras pocas de tripas cozidas.
Quand j'arriuaï à la maiſon, le bon de mon maiſtre eſtoit ja en icelle: Sa Cappe ployée & miſe ſur le baſton, & lui ſe pourmenant par la Court.	Quando llegue à caſa, ya el bueno de mi amo eſtaua en ella: Doblada ſu capa, y pueſta en el poyo, y el paſſeandoſe por el patio.
Comme j'entray, il	Como entre, vino

il s'en vint vers moi, & pensay qu'il me vouloit tancer de ma lógue demeure: Mais Dieu l'adoucit.	vino se para mi, y pense que me queria reñir la tardança: Mas mejor lo hizo Dios.
Il m'enquit, d'où ie venois. Ie lui dis: Seigneur, i'ai esté ici iusqu'à ce que deux heures aïent sonné: Et quád i'aï veu que vous ne veniés pas, ie m'en suis allé par ceste cité me recommander aux bonnes gens: Et ils m'ont donné ce que vous voiez.	Pregunto me, de do venia. Yo le dixe: Señor, hasta que dio las dos estuue aqui; y de que vi que vuestra merced no venia, fuy me por essa Ciudad a encomendar me a las buenas gentes: y han me dado, esto que veys.
Ie lui monstraï le pain & les trippes que ie portois en vn bout de ma juppe. A quoi il monstra bon semblát, & dit: Or ie t'ai attendu à disner	Mostre le el pan y las tripas, que en vn cabo de la halda traya. A lo qual el mostro buen semblante, y dixo: Pues esperado te he a comer

G

disner, & quand i'aï veu que tu ne venois, i'aï disné. Mais tu fais comme homme de bien en ceci, car il vaut mieux le demáder pour Dieu que de le desrober: Et ainsi il m'aide, comme ie le trouue bon. Seulemét ie te recommande, que l'on ne sçache que tu demeures auec moi, pource qu'il touche à mon honneur. Encore que ie croie bien, qu'il seroit secret, selon le peu que ie suis conneu parmi ce peuple: Où ie voudrois n'estre iamais venu.	comer, y de que vi que no veniste, comi. Mas tu hazes como hombre de bien en esso, que mas vale pedillo por Dios, que no hurtalle : y assi el me ayude, como esso me parece bien : y solamente te encomiendo, no sepan que biues comigo, por lo que toca a mi honrra: Aunque bien creo, que seria secreto, segun lo poco que en este pueblo soy conocido: Nunca a el yo vuiera de venir.
Monsieur, perdez le souci de ceci, lui di-ie: Car maudit celui	Desso pierda señor cuydado, le dixe yo: que maldito aquel

celui qui en a aucun de me demander ce compte, ni moi de le donner.

Or mange maintenant pauuret, car s'il plaist à Dieu, nous nous verrons bien tost sans necesité : Encores que ie te dis, que depuis que ie suis entré en ceste maison, iamais bien ne m'est venu. Elle doit estre de mauuais sueil, car il y a des maisons malencontreuses & de mauuais pied, qui attachent l'infortune sur ceux qui demeurent en icelles. Ceste ci, sans doute, doit estre d'icelles. Mais ie te promets, que le mois

aquel que ninguno tiene, de pedir me essa cuenta, ni yo de dalla.

Agora pues come pecador, que (si a Dios plaze) presto nos veremos sin necessidad: Aunque te digo, que despues que en esta casa entre, nunca bien me ha ydo. Deue ser de mal suelo, que ay casas desdichadas y de mal pie, que a los que biuen en ellas, pegan la desdicha. Esta deue de ser, sin duda, dellas. Mas yo te prometo, acabado el mes,

mois acheué ie ne demeurerai plus en icelle, encores qu'ils me l'adônent pour mienne.

Ie m'assis au bout du baston, & afin qu'il ne me reputast gourmand, ie teuz le gouster, & començaï à soupper & mordre en mes tripes & pain. Et dissimuléemét ie regardois vers l'infortuné mon seigneur, qui ne leuoit ses yeux des plis de ma juppe, qui pour lors me seruoient de plat.

Dieu ait telle compassion de moi, cóme i'auois de lui, pource que ie sentis ce qu'il sentoit, &

mes, no quede en ella, aunque me la den por mia.

Sente me al cabo del poyo, y porque no me tuuiesse por gloton, calle la merienda, y comienço a cenar y morder en mis tripas y pan : y dissimuladamente miraua al desuenturado señor mio, que no partia sus ojos de mis faldas, que aquella sazon seruian de plato.

Tanta lastima aya Dios de mi, como yo auia del; porque senti lo que sentia, y

& plusieurs fois a-
uois passé par là, &
y passois chacun
iour.

Ie pensois, s'il se-
roit bon de le con-
uier de máger auec
moy : Mais, pour
m'auoir dit qu'il a-
uoit disné, ie crain-
gnois qu'il n'acce-
ptast le banquet.

Ie desirois finale-
ment que le pau-
uret soulageast son
trauail du mien, &
desieunast, cóme le
iour précedent il a-
uoit faict. Puis, i'a-
uois meilleur appa-
reil : Pour estre la
viande meilleure,
& ma faim moin-
dre.

Dieu voulut acó-
plir mon desir, &
encores

y muchas vezes a-
uia por ello passa-
do, y passaua cada
dia.

Pensaua, si seria
bien comedir me a
combidialle : Mas
por me auer dicho,
que auia comido,
temia me no acce-
taria el combite.

Finalmente, yo des-
seaua quel peca-
dor ayudasse a su
trabajo del mio, y
se desayunasse, co-
mo el dia antes hi-
zo. Pues, auia me-
jor aparejo; por ser
mejor la vianda,
y menos mi ham-
bre.

Quiso Dios cum-
plir mi desseo, y
aun

G iij

encores, ie pense, le sien: Car, comme ie commençaï à manger, il se pourmenoit. Et passant, s'aprocha de moï, & me dit: Je te dis Lazare, que tu as la meilleure grace en mangeant, qu'en ma vie ie veis à hôme: Et que personne ne te veoit faire, que tu ne lui donne appétit, encores qu'il n'en ait point.

La fort bóne que tu as (di-ie en moï-mesme) te fait paroistre la mienne belle.

Neantmoins, ie trouuaï bon de lui aider. Puis, il s'aidoit, & m'en ouuroit le chemin.

Ie

aun, pienso, que el suyo: Porque como, comence a comer, el se andaua paseando, llego se a mi, y dixo me: Digo te Lazaro, que tienes en comer la mejor gracia, que en mi vida vi a hombre, y que nadie te lo vee hazer, que no le pongas gana, aunque no la tenga.

La muy buena, que tienes (dixe yo entre mi) te haze parecer la mia hermosa.

Con todo, parecio me ayudar le: Pues se ayudaua, y me abria camino para ello.

Dixe

Ie lui dis: Seigneur le bon appareil, fait le bon ouurier. Ce pain est tres-sauoureux, & ceste vngle de vache si bien cuite & assaisonnée, qu'il n'i aura aucun qu'elle ne conuie auec sa saueur.

Est ce vne vngle de vache? Dit il.

Oüi Seigneur, lui dis ie.

Ie te dis (dit il) que c'est le meilleur morceau du móde, & qu'il n'i a Faisan, qui ainsi me plaise.

Or tastez en, monsieur, & vous verrés qu'elle est telle.

Ie lui mis l'autre dans les vngles, & trois ou quatre quignons de pain, du plus

Dixe le, Señor, el buen aparejo haze buen artifice. Este pan esta sabrosissimo, y esta vña de Vaca tam bien cozida y sazonada, que no aura a quien no combide con su labor.

Vña de Vaca es? Dixo el.

Si señor, dixe le.

Digo te (dixo el) que es el mejor bocado del mundo, y que no ay Faisan, que assi me sepa.

Pues prueue, señor, y verays que tal esta.

Pongo le en las vñas la otra, y tres o quatro raciones de pan, de lo mas

G iiij

plus blanc.

Il s'assit aupres moi & cómença à manger, comme celui qui l'auoit gangné. Rongeant chaque osselet, mieux qu'vn sien Leurier n'eust fait.

Auec verjus (disoit il) ceci est vn singulier manger.

Tu le mãge auec meilleure sauce, respondi-ie bassemẽt.

Par Dieu (poursuiuit il) car il m'a autant agreé, que si ie n'auois d'auiourd'hui mangé bouchée.

Ainsi me viennent les bons ans, comme cela est, dis ie en moi-mesme.

Il me demanda le pot

mas blanco.

Assento se me al lado, y comiença a comer, como aquel que lo auia gana. Royendo cada huessezillo de aquellos, mejor que vn galgo suyo lo hiziera.

Con almodrote (dezia) es este singular manjar.

Con mejor salsa lo comes tu, respondi yo passo.

Por Dios (porseguia el) que me ha sabido, como si no vuiera oy comido bocado.

Assi me vengan los buenos años, como es ello, dixe yo entre mi.

Pidio me el jarro

pot à l'eau, & ie le
lui donnaï, côme ie
l'auois aporté. C'e-
stoit signe, que puis
que l'eau n'estoit a-
petissée, qu'il n'e-
stoit resté de viande
à mon maistre.

Nous beusmes, &
fort contents nous
en allasmes dormir
comme la nuit pas-
sée. Et pour euiter
prolixité, nous fus-
mes en cette manie-
re huit ou dix iours:
Le pauuret s'en al-
lant au matin auec
ce contentement &
pas compté, humer
l'ær par les rues;
Aïant au pauure La-
zare, vne teste de
Loup.

Ie consideroi plu-
sieurs fois mon de-
sastre,

jarro del agua, y
di se lo, como lo a-
uia traydo. Es señal,
que pues no le fal-
taua el agua, que no
le auia a mi amo so-
brado la comida.

Beuimos, y muy
contentos nos fuy-
mos a dormir, co-
mo la noche passa-
da. Y por euitar
prolixidad, desta
manera estuuimos
ocho o diez dias:
yendo se el peca-
dor en la mañana,
con aquel contento
y passo cõtado, a pa-
par ayre por las ca-
lles: Teniendo en el
pobre Lazaro, vna
cabeça de Lobo.

Contemplaua yo
muchas vezes mi
desastre

astre, qu'eschapant des chetifs maistres que i'auois euz & cherchât mieux, ie venois me rencontrer auec qui non seulement ne me nourrissoit, mais qui i'auois à nourrir.

Neantmoins, ie l'aimois bien, pour veoir qu'il n'auoit ni pouuoit d'auâtage : Et plustost en auois pitié, qu'inimitié. Et plusieurs fois, pour porter à la maison auec quoy il se peust passer, ie me traitois mal.

Pource qu'vn matin le miserable se leuant en chemise, monta au haut de la maison, pour faire ses

desastre, que escapando de los amos ruynes que auia tenido, y buscando mejoria; viniesse a topar con quien no solo no me mantuuiesse, mas a quien yo auia de mantener.

Con todo, le queria bien ; Con ver que no tenia ni podia mas : y antes le auia lastima que enemistad, y muchas vezes, por lleuar a la posada con que el lo passasse, yo lo passaua mal.

Porque vna mañana, leuantando se el triste en camisa, subio a lo alto de la casa a hazer sus

ses afaires : Moi cependāt, pour sortir de soupçon, ie desuelopaï son juppon & ses chausses, qu'il laissa au cheuet : Et trouuaï vne petite bource de velours rase, aiant cent plis, & sans maudite la blanque, ni signal qu'il y en eust eu long temps.

Celui ci (disois ie est pauure, & personne ne donne ce qu'il n'a. Mais l'auaricieux aueugle & le malheureux, miserable Presbtre (à chacun desquels Dieu dōnoit, à l'vn de main baisée, & à l'autre de langue legere) qui me tuoiét de faim : Il est iuste de

sus menesteres, y en tanto yo por salir de sospecha, desembolui le el jubon y las calças que a la cabeçera dexo, y halle vna bolsilla de tercio pelo raso, hecha cien doblezes, y sin maldita la blanca, ni señal que la vuiesse tenido mucho tiempo.

Este (dezia yo) es pobre, y nadie da lo que no tiene: Mas el auariento ciego y el malauenturado mezquino clerigo, que con dar se lo Dios a ambos, al vno de mano besada, y al otro de lengua suelta, me matauan de hambre : Aquellos es justo

G vj

de les haïr, & d'a-
uoir compassion de
cestui ci.

Dieu m'est tes-
moin, que i'aï de pi-
tié, quand auiour-
d'hui ie me rencon-
tre auec aucun de
son habit & de ce
pas & pompe: Pour
douter, s'il soufre ce
que ie veis souffrir à
cestui: Auquel, auec
toute sa pauureté,
j'aimerois encores
mieux seruir qu'aux
autres, pour ce que
i'ay dit.

J'auois seulement
vn peu de mescon-
tentement de lui,
car ie desirois qu'il
n'eust tant de pre-
sumptió, mais qu'il
abaißaft vn peu sa
fantasie, auec le be-
aucoup

es justo desamar, y
aqueste es de auer
manzilla.

Dios me es testi-
go, que oï dia quan-
do topo con algu-
no de su habito con
aquel passo y pom-
pa, le he lastima:
Con pensar, si pa-
dece lo que aquel
le vi sufrir; Al qual
con toda su pobre-
za, holgaria de ser-
uir, mas que a los
otros, por lo que
he dicho.

Solo tenia del vn
poco de desconten-
to, que quisiera yo
que no tuuiera tan-
ta presuncion, mas
que abaxara vn po-
co su fantasia, có lo
mucho

aucoup que môtoit sa necessité. Mais, cóme il me semble, c'est vne reigle ja entr'eux vsitée & gardée, encores que ils n'ayent le troc d'vn denier: Le bonnet doit trotter en son rang. Le Seigneur y remédie, car ja auec cestui ils ont regret de mourir.

Or estant en tel estat, exerçant la vie que ie dis; ma mauuaise fortune (qui n'estoit lasse de me persecuter) ne voulut que ie continuasse en cette laborieuse & vergógneuse façon de viure. Et ce fut, que cóme en ceste contrée l'année fust

mucho que subia su necessidad. Mas segun me parece, es regla entre ellos vsada y guardada, aunque no ayan cornado de trueco : Ha de andar el birrete en su lugar. El Señor lo remedie, que ya con este, mal han de morir.

Pues estando yo en tal estado, passando la vida que digo, quiso mi mala fortuna, que de perseguir me no era satisfecha, que en aquella trabajada y vergonçosa biuienda no durasse. Y fue, como el año en esta tierra fuesse

née fuſt ſterile de pain, ils conclurent pour ſoulagement, que tous les pauures eſtrangers s'en allaſſent de la Cité. Auec edict, que celui qu'ils y trouueroient deſlà en auāt, fuſt puni auec les verges.

Et ainſi, executant la Loy, quatre iours apres que l'Edit fut publié, ie veis trainer vne proceſſion de pauures, foëttāt par les quatre rues. Ce qui me donna ſi grand eſpouuantement, que ie ne m'oſaï iamais licencier à demander.

Ici euſt on veu (qui l'éut péu veoir) l ab ſtinence de ma maiſon,

fueſſe eſteril de pan, acordaron el ayuntamiento, que todos los pobres eſtranjeros, ſe fueſſen de la Ciudad: Con pregon, que el que de alli adelante topaſſen, fueſſe punido con açotes.

Y aſſi, executando la ley, deſde a quatro dias que el pregon ſe dio, vi lleuar vna proceſſion de pobres, açotando por las quatro calles. Lo qual me puſo tan gran eſpanto, que nunca oſe deſmandar me a demandar.

Aqui viera, quien vello pudiera la abſtinencia de mi caſa,

son, & la tristesse & silence des habitãts d'icelle: Tant, qu'il nous aduint, d'estre deux ou trois iours sans manger bouchée, ni proférer parolle.

Quelques femmelettes filandieres de cotton, qui faisoiét des bonnets & demeuroient pres de nous, auec lesquelles i'euz voisinage & connoissance; me dõnerent la vie. Car de ce peu qu'elles aportoiét, me donnoient aucune chosette. Auec quoi, ie me passo s'fort passablemét, & n'auois tant de pitié de moi cõme du desolé de mon maistre: qui, en huit

sa, y la tristeza y silencio de los moradores della: Tanto que nos acaecio estar dos o tres dias, sin comer bocado, ni hablar palabra.

A mi dieron me la vida vnas mugercillas hilanderas de algodon, que hazian bonetes y biuian par de nosotros, con las quales yo tuue vezindad y conocimiento: que de la lazeria que les trayan, me dauan alguna cosilla, con la qual muy passado me passaua, y no tenia tanta lastima de mi, como del lastimado de mi amo: que en ocho

huit iours, maudit le morceau qu'il mangea. Du moins, nous fusmes bien autant en la maison sans manger. Ie ne sçaï, comme, ou, où il couroit, & qu'il mangeoit.

Et le veoir venir à midi du bas de la rue, auec vn corps estendu, plus long que leurier de bonne race: pource qu'il touchoit à son malheur, qu'ils nôment honneur:

Il prenoit vne paille, de celles dont encores n'i auoit assez en la maison; & sortoit a la porte: Ratissant ceux qui n'auoient rien en soy. Se plaignant toutefois

ocho dias, maldito el bocado que comio: A lo menos en casa, bien los estuuimos sin comer: No se yo, como o donde andaua, y que comia.

Y velle venir a medio dia la calle abaxo, con estirado cuerpo, mas largo que Galgo de buena casta: y por lo que tocaua a su negra, que dizen honrra.

Tomaua vna paja, de las que aun assaz no auia en casa; y salia a la puerta, escaruando los que nada entre si tenian. Quexando se todauia

fois de ce mauuais toict, disant: il n'est mal aisé à veoir, que la malencôtre nous prouiet de ceste demeure : Comme tu veois, elle est lugubre, triste & obscure. Ce pendāt, nous serons forcez d'endurer ici. Ie desire desia, que ce mois ci soit acheué, pour sortir d'icelle.

Or estant en ceste afligée & affamée persecutió, vn iour (ie ne sçai par quelle fortune ou aduenture) vn Real entra au pauure pouuoir de mon maistre : Auec lequel il vint en la maison, aussi enflé que s'il eust eu le thresor de Venise.

dauia de aquel mal solar, diziendo: Malo esta de ver, que la desdicha desta biuienda lo haze: Como ves, es lobrega, triste y oscura. Mientras, aqui estuuieremos hemos de padecer. Ya desseo, se acabe este mes, por salir della.

Pues estando en esta afligida y hambrienta persecucion, vn dia (no se por qual dicha o ventura) en el pobre poder de mi amo entro vn Real: Con el qual, vino a casa tan vfano, como si tuuiera el tesoro de Venecia.

Et   Y

Et auec geste fort alegre, & sousriant, me le donna, disant: Tien Lazare, car Dieu va desia ouurant sa main. Va à la place, & achete pain, vin & chair. Nous creuerôs l'œil au Diable. Et d'auátage ie te fai sçauoir afin que tu t'en resiouïsse, que i'ay loüé vne autre maison: Et n'auons plus à estre en cette malheureuse, que iusques à l'acomplissement du mois. Maudite soit elle, & celui qui y mit la premiere tuille. Car en mal'heure suis ie entré en icelle. Par nostre Seigneur, ie n'ay aualé bouchée de	Y con gesto muy alegre, y risueño, me lo dio, diziendo: Toma Lazaro, que Dios ya va abriendo su mano. Ve a la plaça, y merca pan y vino y carne: Quebremos el ojo al Diablo. Y mas te hago saber, porque te huelgues que he alquilado otra casa : y en esta desastrada no hemos de estar, mas de en compliendo el mes. Maldita sea ella, y el que en ella puso la primera teja: que con mal en ella entre. Por nuestro Señor, quanto ha que en

de chair ni goutte de vin, ni n'ai eu aucun repos, depuis le temps qu'il y a que ie demeure en icelle. D'auantage elle a telle veüe, & telle obscurité & tristesse. Va & reuien vistemēt, & nous disnerons auiourd'hui comme Comtes.	en ella biuo, gota de vino ni bocado de carne no he comido, ni he auido descanso ninguno: Mas tal vista tiene, y tal obscuridad y tristeza. Ve y ven presto, y comamos oy como Condes.
Ie prins mon Real & pot, & hastant mes pieds ie commençay à mōter ma rue achemināt mes pas vers la place, fort content & resiouy.	Tomo mi Real y jarro, y a los pies dando les priessa, comienço a subir mi calle, encaminando mis passos para la plaça, muy contento y alegre.
Mais que me seruoit cela, s'il estoit arresté en ma miserable fortune, que aucun plaisir ne me vint, sans fascherie? Et	Mas que me aprouecha, si esta constituydo en mi triste fortuna, que ningun gozo me venga sin çoçobra? Y

Et ainsi m'en aduint il en cestui, car montant au haut de la Rue, faisant mon compte en quoi ie l'emploierois, qui fut meilleur & plus profitablemét despencé; Rendát infinies graces à Dieu, qui auoit fait recourer de l'argent à mon maistre : Au despourueu me suruint à l'encontre vn mort, que plusieurs gens & Presbtres descendoient par la rue, en vne biere.

Ie me rangeaï contre le mur, pour leur faire place. Et dés que le corps fut passé, incontinent venoit pres du lit, vne qui deuoit estre la femme

Y assi fue este, porque yendo la calle arriba, echando mi cuenta en lo que le emplearia, que fuesse mejor y mas prouechosamente, gastado; dando infinitas gracias a Dios, que a mi amo auia hecho con dinero : A desora me vino al encuentro vn muerto, que por la calle abaxo muchos Clerigos y gente en vnas andas trayan.

Arrime me a la pared, por dar les lugar : y desque el cuerpo passo, venia luego par del lecho vna que deuia ser su muger

femme du deffunt: Vestue de dueil. Et auec elle, plusieurs autres femmes. Laquelle alloit plorāt à grands cris, & disant : Mari & seigneur mien, où est ce qu'ils vous portent? A la maison triste & infortunée. A la maison tenebreuse & obscure. A la maison, où iamais on ne mange ni boit!	muger del defunto: Cargada de luto. Y con ella, otras muchas mugeres. La qual yua llorando a grandes bozes, y diziendo: Marido y señor mio, adonde os me lleuan? A la casa triste y desdichada. A la casa lobrega y obscura. A la casa, donde nunca comen ni beuen.!
Moi, qui ouys ceci, me joignis le ciel auec la terre, & dis: O moy infortuné! Ils portent ce mort en ma maison.	Yo que aquello oy, junto se me el Cielo con la Tierra, y dixe: O desdichado de mi! Para mi casa lleuan este muerto.
Ie laissay le chemin que ie tenois, & trauersay par le milieu de la compagnie,	Dexo el camino que lleuaua, y hendi por medio de la gente

gnie, & redescendis par la rue, le plus viste que ie peuz courir vers ma maison. Et entrant en icelle, ie l'a fermay hâstiuement, inuocquât l'aide & faueur de mon maistre. L'embrassant, afin qu'il me vint aider à défendre l'entrée.	gente, y bueluo por la calle abaxo, a todo el mas correr que pude para mi casa: y entrando en ella, cierro a grande priessa; inuocando el auxilio y fauor de mi amo: abraçando me del, que me venga ayudar, y a defender la entrada.
Lequel vn peu esmeu, pensant que ce fust autre chose, come dit: Qu'est ceci, garçon? Pourquoy cries tu? Q'as tu? Pourquoy ferme tu la porte, auec telle furie?	El qual algo alterado, pensando que fuesse otra cosa, me dixo: Que es esso moço? Que bozes das? Que has? Porque cierras la puerta, con tal furia?
O Monsieur (dis ie) acourez ici, car on nous aporte deçà vn mort.	O Señor, dixe yo, acuda aqui: que nos traen aca, vn muerto.
Cóment ici? Respondit	Como aqui? Respondio

pondit il.

Ie l'ay rencontré ici haut (lui dis ie) & sa femme venoit disant: Mari & seigneur mien, où est ce qu'ils vous portent? A la maison vmbrageuse & obscure! A la dolente & malheureuse maison! A la maison, où iamais on ne mige ni boit. Ils nous l'aportent deça, Monsieur.

Et certainement, quand mon maistre ouit ceci, encores qu'il n'en eust enuie (pour estre fort risible) il rit tát, qu'il fut vn long temps, sans pouuoir parler.

Cependant, i'auois

pondio el.

Aqui arriba lo encontre, y venia diziendo su muger: Marido y señor mio, adonde os lleuan? A la casa lobrega y obscura! A la casa triste y desdichada! A la casa, donde nunca comen ni beuen! Aca señor nos le traen.

Y ciertamente, quando mi amo esto oyo, aunque no tenia, porque estar muy risueño; rio tanto, que muy gran rato estuuo, sin poder hablar.

En este tiempo, tenia

uois desia fermé la porte au verrouil, & mis l'espaule contre icelle, pour plus de deffence.	nia ya yo echada el aldaua a la puerta, y puesto el ombro en ella, por mas defensa.
La cõpagnie passa auec son mort, & toutefois ie me persuadois, qu'ils le deuoiét mettre en nostre maison.	Passo la gente con su muerto, y yo todauia me recelaua, que nos le auian de meter en casa.
Et apres qu'il fut plus saoul de rire que de manger, le bon de mon maître me dit: Il est vrai Lazare, selon ce que la vefue va disant, que tu as éu raison de penser ce que tu as pensé. Mais puis que Dieu a mieux fait & passent outre, ouure, ouure, & va querir à disner.	Y desque fuy ya mas harto de reyr que de comer, el bueno de mi amo dixo me: Verdad es Lazaro, segun la biuda lo va diziendo, tu tuuiste razon de pensar lo que pensaste: Mas pues Dios lo ha hecho mejor y passan adelante, Abre, abre, y ve por de comer.
Attendez Mõsieur qu'ils	Dexa los Señor acaben

qu'ils acheuent de passer la Rue, dis-ie.	acaben de passar la calle, dixe yo.
A la fin mon maistre vint à la porte de la rue, & me forçant l'ouurit. Car il en estoit bien besoin, à cause de ma crainte & esmotion. Et ie repris mon chemin.	Al fin, vino mi amo a la puerta de la calle : y abre la, esforçando me: que bien era menester, segun el miedo y alteracion. Y me torno a encaminar.
Mais encores que nous fissions bonne chere ce iour là, maudit le goust que j'y prenois: Ni en ces trois iours, la couleur ne me reuint. Et toutes les fois que mon maistre se souuenoit de cette mienne consideration, il rioit fort.	Mas aunque comimos bien aquel dia, maldito el gusto yo tomaua en ello : Ni en aquellos tres dias, torne en mi color. Y mi amo muy risueño, todas las vezes que se le acordaua aquella mi consideracion.
De ceste maniere ie fus auec mon troisiesme & pauure maistre	Desta manera estuue con mi tercero y pobre amo, que

H

maistre (qui fut, cet Escuyer) aucuns iours; & en tous, desireux de sçauoir le motif de sa venue & condition en cette Côtrée: Pource que dés le premier iour que ie me mis auec lui, ie le conneuz estre estranger, pour le peu de connoissance & trafic qu'il auoit auec les naturels d'icelle.

En fin, mon desir s'acóplit, & sçeuz ce que ie desirois. Car vn iour que nous auions mediocrement disné & éstoit quelque peu cótent il me compta sa richesse & me dit qu'il estoit de Castille la vieille, & qu'il n'auoit

que fue este Escudero algunos dias, y en todos desseando saber la intencion de su venida y estada en esta tierra: Porque desde el primer dia que con el assente, le conoci ser estranjero, por el poco conocimiento y trato, que con los naturales della tenia.

Al fin, se cumplio mi desseo, y supe lo que desseaua: Porque vn dia que auiamos comido razonablemente y estaua algo contento, conto me su hazienda, y dixo me ser de Castilla la vieja, y que auia

noit laissé son païs
à autre sujet, que
pour n'ôter son bó-
net à vn Cauallier
sien voisin.

Monsieur (dis ie)
s'il estoit tel que
vous dites & plus ri-
che que vous, vous
n'eussiés failli à lui
oster le premier,
puis que vous dites
qu'il vous ostoit le
sien, aussi.

Il est tel & plus ri-
che, & aussi m'ostoit
le sien: Mais de tant
de fois que ie le sa-
luois le premier, il
n'eust esté mauuais
qu'en aucune il se
fust auancé & m'éut
pris par la main.

Il me semble, mon-
sieur (lui di-ie) que
ie ne regarderois à
cela,

auia dexado su tier-
ra, no mas de por
no quitar el bonete
a vn Cauallero su
vezino.

Señor (dixe yo)
Si el era lo que de-
zis y tenia mas que
vos, no erauades
en quitar se lo pri-
mero, pues dezis
quel tambien os lo
quitaua.

Si es, y si tiene, y
tambien me lo qui-
taua el a mi : Mas
de quantas vezes
yo se le quitaua pri-
mero, no fuera ma-
lo comedir se el al-
guna, y ganar me
por la mano.

Parece me, Se-
ñor (le dixe yo)
que en esso no mi-
rara,

cela, specialement auec plus grands que moy & plus riches.

Tu es ieune (me respondit il) & ne resents les desirs de l'hóneur, en quoy le iour d'auiourd'hui est tout le fonds des hómes de bien. Or ie te faï sçauoir, que ie suis, comme tu veois, vn Escuyer: Mais ie voüe à Dieu, si ie trouuois le Cóte par la rue, & il ne m'ostast le chappeau du tout, fort bien osté; qu'vne autre fois qu'il viendroit, ie voudrois entrer en vne maison, faignant y auoir quelque afaire; Ou trauerser en autre rue,

rara, mayormente con mis mayores que yo, y que tienen mas.

Eres muchacho, me respondio, y no sientes las cosas de la honrra, en que el dia de oy esta todo el caudal de los hombres de bien. Pues hago te saber, que yo soy, como ves, vn Escudero : Mas voto te a Dios, si al Conde topo en la calle, y no me quita muy bien quitado del todo el bonete; que otra vez que venga, me sepa yo entrar en vna casa, fingiendo yo en ella algun negocio; O atrauessar otra calle

s'il y en avoit, auant qu'il approchast de moy; pour ne le sa-luer. Car vn Gentil-home ne doit rien à autre qu'à Dieu & au Roy, ni n'est iu-ste (estant homme de bien) qu'il se né-glige d'vn point, de se presumer beau-coup.

Ie me souuiens, que i'outrageay vn iour vn Artisan en mon pays, & voulus met-tre les mains sur lui: Pour ce que, chacu-ne fois que ie le ren-cótrois, il me disoit: Mósieur, Dieu vous maintienne.

Vous, monsieur le meschant rustique, (lui di ie) pourquoi n'estes vous bien a-pris?

si la ay, antes que llegue a mi, por no quitar se lo: Que vn Hidalgo no de-ue a otro que a Dios y al Rey nada, ni es justo, siendo hom-bre de bien, se des-cuyde vn punto de tener en mucho su persona.

Acuerdo me, que vn dia deshonrre en mi tierra a vn oficial, y quise po-ner en el las manos: Porque, cada vez que le topaua, me dezia: Mantenga Dios a vuestra mer-cèd.

Vos, Don villano ruyn, le dixe yo, por-que no soys bien criado?

H iij

pris? Deuez vous me dire, Dieu vous maintiéne, comme si i'estois vn ie ne sçay qui?

De là en auant, d'ici là il m'ostoit le chapeau, & parloit cóme il deuoit.

Et n'est ce pas vne bonne maniere de saluer, vn homme l'autre (dis ie) de lui dire, que Dieu le maintienne.

Remarque, dit il, en mauuaise heure, qu'aux hommes de basse qualité on dit ceci: Mais aux plus esleuez, cóme moy, on ne leur doit dire moins, de: Ie vous baise les mains, mó-seigneur. Ou pour le moins, Monsieur, ie vous

criado? Mantenga os Dios, me aueys de dezir, como si fuesse quien quiera?

De alli adelante, de aqui aculla, me quitaua el bonete, y hablaua como deuia.

Y no es buena manera de saludar vn hombre a otro (dixe yo) dezirle, que le mantenga Dios.

Mira mucho de en hora mala (dixo el) a los hombres de poca arte dizen esso: Mas a los mas altos, como yo, no les han de hablar menos de: Beso las manos de vuestra mercèd. O por lo menos: Besos Señor

ie vous baise les mains. Si celui qui parleroit à moy, e-stoit Caualier. Et aussi, ie ne voulus endurer d'auantage de celui de mon païs, qui m'auilissoit de maintenement: ni iamais ne soufrirois, ni soufriray à homme du monde, moindre que le ROY qu'il me die, Dieu vous maintienne.

Pécheur que ie suis (di-ie) pour cecy a il si peu de soin de te maintenir, puis qu'il ne soufre que personne le requiere.
Attendu (poursui-uit il) que ie ne suis si pauure, que ie n'aye en mon pays des

ñor las manos: Si el que me habla, es Cauallero. Y assi de aquel de mi tierra que me atesta-ua de mantenimi-ento, nunca mas le quise sufrir, ni su-fria, ni sufrire a hombre del mun-do del Rey abaxo, que mantenga os Dios me diga.

Pecador de mi, dixe yo, Por esso tiene tan poco cuy-dado de mantener te, pues no sufres que nadie se lo rue-gue.
Mayormente, di-xo, que no soy tan pobre, que no tengo en mi tierra,
vn

H iiij

des masures : Les-
quelles estāt debout
& bien édifiéees (à
seize lieuës d'où ie
nasquis,en ceste pe-
tite Coste de Valla-
dolid) vaudroient
plus de deux cents
mil marauedis, se-
lon qu'elles se pour-
roient faire grādes
& bonnes. Et ay vn
Colombier, lequel
n'estant abatu com-
me il est, donneroit
chacun An, plus de
deux cents Pigeons.
Et autres choses,
dont ie me tais, que
ie laissaï pour ce qui
touchoit à mon hō-
neur. Et vins en cet-
te ville, pensant que
i'y trouuerois vn
bon parti. Mais il ne
m'est aduenu, come
i'auois

vn solar de casas:
Que a estar ellas
en pie y bien la-
bradas, diez y seys
leguas de donde na-
ci, en aquella costa-
nilla de Valladolid,
valdrian mas de do-
zientos mil mara-
uedis, segun se po-
drian hazer gran-
des y buenas. Y ten-
go vn Palomar, que
a no estar derriba-
do como esta, da-
ria cada Año, mas
de dozientos Palo-
minos. Y otras co-
sas que me callo,
que dexe por lo que
tocaua a mi honrra:
y vine a esta Ciu-
dad, pensando que
hallaria vn buen as-
siento. Mas no me
ha sucedido, como
pense.

j'auois imaginé.
Je trouue plusieurs Chanoines & Messieurs d'Eglise: Mais ce sont des personnes si limitez, que tout le monde ne les tireroit de leurs pas.
Des Caualiers de moyéne qualité me prient aussi, mais il il y a bien à faire à les seruir : Pource que, d'homme vous deuez vous conuertir en Mallette. Ou sinon ils vous dient, Va t'en auec Dieu. Et le plus souuent, les payements sont à longs termes, & les plus certains, mangé pour serui.
Et quád ils veulent reformer leur conscience

pense.
Canonigos y Señores de la yglesia muchos hallo, mas es gente tan limitada, que no los sacara de su passo todo el mundo.
Caualleros de media talla tambien me ruegan, Mas seruir a estos es gran trabajo, porque de hombre os aueys de conuertir en malilla: y sino, Anda con Dios os dizen: y las mas vezes, son los pagamentos a largos plazos, y las mas ciertos, comido por seruido.

Y a quando quieren reformar conciencia

H v

science & recôpen-
ser vos sueurs, vous
serés salarié en l'ar-
riere chambre, d'vn
vieux pourpoint,
ou saye, ou cappe
deschirée.
Et quand l'homme
se met auec vn Sei-
gneur de marque, il
passe toutes-fois sa
misere. Mais peut-
estre n'i a il en moy
de capacité, pour
seruir & contenter
ceux cy.
Par Dieu, si i'estois
auec vn d'iceux, ie
pense que ie serois
fort son grād fami-
lier, & que ie lui fe-
rois mille seruices.
Car ie sçaurois lui
mentir aussi bien
comme autre, & lui
agréer aux mil mer-
ueilles

ciencia y satisfaze-
ros vuestros sudo-
res, soys librado
en la recamara en
vn sudado jubon,
o rayada capa, o
sayo.
Y a quando assien-
ta hombre con vn
Señor de titulo, to-
dauia passa su la-
zeria: Pues, por-
uentura, no ay en
mi habilidad, para
seruir y contentar a
estos.
Por Dios, si con
el topasse, muy
gran su priuado
pienso que fuesse,
y que mil seruicios
le hiziesse: Porque
yo sabria mentille
tambien como otro
y agradalle a las mil
marauillas.

ueilles. Lui fousrire fort à ses railleries & façons de faire, encores qu'elles ne fussent les meilleures du móde. Iamais ne lui dire chose qui le faschast, bien que elle lui déust estre fort auantageuse.
Estre fort diligent en son endroit, en dit & fait. Ne me tuer, pour ne bien faire les choses qu'il ne deuoit veoir. Me mettre à reprendre ses subjects, d'où il l'entendroit, afin que ie lui semblasse auoir grád souci de ce qui lui touchoit. S'il tançoit auec aucun son domestic, dóner aucuns traits picquants, pour lui enflammer

marauillas. Reylle ya mucho sus donayres y costumbres, aunque no fuessen las mejores del mundo. Nunca dezille cosa, con que le pesasse, aunque mucho le cumpliesse.
Ser muy diligéte en su persona, en dicho y hecho. No me matar, por no hazer bien las cosas, que el no auia de ver. Poner me a reñir, donde el lo oyesse, con la gente de su seruicio; porque pareciesse tener gran cuydado de lo que a el tocaua. Si reñiesse con alguno su criado, dar vnos puntillos agudos, para le encender

H vj

enflâme l'ire, & qui paruſſent toutefois en faueur du coulpable. Lui dire bien de ce qui lui ſeroit agreable, & au contraire eſtre malicieux mocqueur.
Raporter à ceux de la maiſon, & à ceux de dehors. Enquerir & procurer de ſçauoir les déportemens d'autrui, pour les lui compter.
Et pluſieurs autres galantiſes de cette qualité, leſquelles ſe pratiquét auiourd'hui à la Cour & ſemblent bônes aux Seigneurs d'icelle, qui ne veulét veoir en leurs maiſons des hommes vertueux, ains les abhorrét & meſpriſent

encender la yra, y que todauia parecieſſen en fauor del culpado. Dezir le bien de lo que bien le eſtuuieſſe, y por el contrario ſer malicioſo mofador.
Malſinar a los de caſa, y a los de fuera. Peſquiſar y procurar de ſaber vidas ajenas, para contarſelas.

Y otras muchas galas deſta calidad, que oy dia ſe vſan en Palacio, y a los Señores del parecen bien, y no quieren ver en ſus caſas hombres virtuoſos, antes los aborrecen y tienen en poco,

mesprisent, & apellent sots, & qui ne sont personnes d'afaires, ni auec qui le Seigneur se puisse desennuier. Et auec ceux ci, les rusez vsent (comme i'ay dit) le iour d'auiourd'hui, de ce dont i'vserois. Mais mon aduenture ne veut que ie le trouue.

De ceste maniere mon maistre lamentoit aussi son aduerse fortune, en me donnant cónoissance de sa valéureuse personne.

Or estant sur ceci, vn homme & vne vieille entrerét par la porte. L'hóme lui demanda le loïer de la maison, & la vieille

en poco, y llaman necios, y que no son personas de negocios, ni con quien el Señor se puede descuydar: y con estos, los astutos vsan, como digo, el dia de oy, de lo que yo vsaria. Mas no quiere mi ventura, que le halle.

Desta manera, lamentaua tambien su aduersa fortuna mi amo, dandome relacion de su persona valerosa.

Pues estando en esto, entro por la puerta vn hombre y vna vieja. El hombre le pide el alquile de la casa, y la vieja

eille celui du lit. Ils
firent compte & le
rendirẽt redeuable
pour deux mois, de
ce qu'il n'eust amaſ-
ſé en vn An. Ie pen-
ſe que ce fut, de dou
ze ou treze realles.

Il leur donna fort
bonne reſponce,
qu'il iroit à la place
pour changer vn
doublon, & que ſur
le ſoir ils retournaſ-
ſent. Mais ſa ſortie,
fut ſans retour. De
ſorte qu'au ſoir ils
reuindrent, mais ce
fut tard. Et ie leur
dis, qu'il n'eſtoit en-
cores venu.

La nuit venue, &
lui non; i'euz crain-
te de demeurer ſeul
en la maiſon, &
m'en allay chez les
voiſines

eja el de la cama.
Hazen cuenta, y
de dos meſes le al-
cançaron, lo que
el en vn Año no al-
cançara. Pienſo que
fueron doze o treze
reales.

El les dio muy bue-
na reſpueſta: Que
ſaldria a la plaça a
trocar vna pieça de
a dos, y que a la tar-
de boluieſſen. Mas
ſu ſalida, fue ſin bu-
elta. Por manera,
que a la tarde ellos
boluieron: Mas fue
tarde: y yo les dixe,
que aun no era ve-
nido.

Venida la noche y
el no, yo huue mie-
do de quedar en ca-
ſa ſolo, y fui me a las
vezinas,

voisines, & leur recitay le cas, & dormis là.

La matinée venue, les creanciers retournerent & s'enquirent par le voisinage. Mais à ceste autre porte.

Les femmes leur dirent: Voiez ici son garçon, & la clef de la porte.

Ils m'enquirent de lui, & ie leur dis que ie ne sçauois où il estoit, & qu'il n'éstoit point reuenu à la maison, depuis qu'il en estoit sorti pour changer la piece: Et que ie pensois, qu'il s'en fut allé de moy & d'eux, auec le change.

Dés qu'ils eurent ouy

vezinas, y conte les el caso, y alli dormi.

Venida la mañana, los acreedores bueluen y preguntan por el vezino: Mas a estotra puerta.

Las mugeres le responden: Veys aqui su moço, y la llaue de la puerta.

Ellos me preguntaron por el, y dixe les que no sabia adonde estaua, y que tan poco auia buelto a casa, desque salio a trocar la pieça: y que pensaua, que de mi y de ellos se auia ydo con el trueco.

De que esto me oyeron

ouy ceci, ils allerent querir vn Sergent & vn Greffier, & reuiennent incontinent auec eux. Et prennent la clef, & m'apellent & prennent des tesmoins, & ouurent la porte & entrent pour saisir de la richesse de mon maistre iusqu'à la concurrence de leur debte.

Ils coururent toute la maison, & l'a trouuerent vuide, cóme i'ay compté: Et me dirét: Qu'est deuenue la cheuance de ton maistre? Ses coffres & tapis de paroy, & meubles de maison?

Ie ne sçay pas cela, leur respondis ie.

Sans

oyeron, van por vn Alguazil y vn Escriuano, y he lo do bueluen luego con ellos: y toman la llaue, y llaman me, y llaman testigos, y abren la puerta, y entran a embargar la hazienda de mi amo, hasta ser pagados de su deuda.

Anduuieron toda la casa, y hallaron la desembaraçada, como he contado. Y dizen me: Ques de la hazienda de tu amo? Sus Arcas y Paños de pared, y alhajas de casa.

No se yo esso, le respondi.

Sin

Sans doute, dirent ils, ils doiuent auoir tout enleué & trãsporté ceste nuit en quelque part. Monsieur l'Huissier, prenez ce garçon, car il sçait où tout est.

Sur ceci, le Sergét vint & me jetta la main sur le colet du jupon, disant: Petit garçon, tu seras prisonnier, si tu ne descouure les biens de ce tien maistre.

Moy, cõme ie ne m'estois veu en autre telle rencontre: (car i'auois esté plusieurs fois saisi par le colet, mais c'étoit doucement de l'attaché, afin que ie lui monstrasse le chemin qu'il ne voioit) I'euz grãde fraieur,
&

Sin duda (dizen ellos) esta noche lo deuen de auer alçado y lleuado a alguna parte. Señor Alguazil prended a este moço, que el sabe donde esta.

En esto, vino el Alguazil y echo me mano por el collar del jubon, diziendo: Mochacho, tu eres preso, si no descubres los bienes deste tu amo.

Yo, como en otra tal no me vuiesse visto: Porque asido del collar si auia sido muchas vezes, mas era mansamente del trauado, para que mostrasse el camino, al que no via: Yo tuue mucho miedo,
y

& plorant lui promis de dire ce qu'ils me demandoient.

Sus donc, dirent ils. Or dis ce que tu sçais, & n'aye point de pœur.

L'escriuain s'assit sur vn baston pour escrire l'inuentaire, me demandant ce qu'il auoit.

Messieurs (dis ie) ce qu'a ce mien maistre, selon ce qu'il m'a dit, est vn fort bon plancher de maisons, & vn Colombier ruiné.

Il est bon, dirent ils. Pour peu que ceci vaille, il y a pour nous satisfaire de la debte.

Et en quel quartier de la ville a il ceci me

y llorando prometi le, de dezir lo que me preguntauan.

Bien esta, dizen ellos. Pues di lo que sabes, y no ayas temor.

Sentose el escriuano en vn poyo, para escreuir el inuentorio, preguntádo me que tenia.

Señores, dixe yo, lo que este mi amo tiene, segun el me dixo, es vn muy buen solar de casas y vn Palomar derribado.

Bien esta (dizen ellos) Por poco que esso valga, ay para nos entegrar de la deuda.

Y a que parte de la ciudad tiene esso? me

Me demáderent ils.

En son pays, leur respondis ie.

Mon Dieu, que l'afaire est bonne, dirent ils. Et où est son pays?

Il m'a dit, qu'il estoit de Castille la vieille: Leur dis ie.

Le Sergent & le Greffier rirent fort, disant: Ceste relation est bastāte, pour amortir vostre debte, encores qu'elle fust meilleure.

Les voisines qui estoient presentes, dirent: Messieurs, cettui est vn enfant innocent, & y a peu de iours qu'il est auec cest Escuyer, & ne sçait de ses afaires plus que vous, sinon

me preguntaron.

En su tierra, les respondi.

Por Dios, que esta bueno el negocio, dixeron ellos. Y adonde es su tierra?

De Castilla la vieja, me dixo el que era, les dixe.

Rieron se mucho el Alguazil y el Escriuano, diziendo: bastante relacion es esta, para cobrar vuestra deuda, aunque mejor fuesse.

Las vezinas que estauan presentes, dixeron: Señores, este es vn niño innocente, y ha pocos dias que esta con esse Escudero: y no sabe del, mas que vuestras mercedes, sino

sinon de tant que le pauuret s'en venoit ici à nostre maison, & nous lui donions à manger, pour l'amour de Dieu, ce que nous pouuions: Et les nuits, il s'en alloit dormir auec lui.

Mon innocence veüe, ils me laisserét me rendant libre. Et le Sergent & le Greffier demanderent leurs droits à l'home & à la femme, surquoy ils eurent grade contention & dispute. Car ils aléguerét n'estre obligez à paier, puis qu'il n'i auoit dequoï, ni ne se faisoit l'execution.

Les autres disoient, qu'ils

sino quanto el pecadorcico se llega aqui a nuestra casa, y le damos de comer lo que podemos, por amor de Dios : y a las noches, se yua dormir con el.

Vista mi innocencia, dexaron me dando me por libre. Y el Alguazil y el Escriuano, piden al hombre y a la muger sus derechos : sobre lo qual tuuieron gran contienda y ruydo. Porque ellos alegaron no ser obligados a pagar, pues no auia de que, ni se hazia el embargo.

Los otros dezian, que

qu'ils auoient laissé d'aller à autre afaire qui leur importoit plus, pour venir à celle ci.	que auian dexado de yr a otro negocio que les importaua mas, por venir a aquel.
Finalement, apres auoir bien crié; à la fin vn Recors chargea le vieil loudier de la vieille. Et encores qu'il n'en fust beaucoup chargé, ils s'en allerent tous cinq, criant; ie ne sçay en quelle part. Ie croy que le pauure loudier les paia tous: Et s'employoit bien, puis qu'il salloit loüant ça & là, au temps qu'il se deuoit reposer & resioüir des trauaux passez.	Finalmente, despues de dadas muchas bozes, al cabo carga vn porqueron con el viejo alfamar de la vieja: y aunque no yua muy cargado, allauan todos cinco dando bozes, no se en que paro. Creyo yo, quel pecador alfamar pagara por todos: y bien se empleaua, pues el tiempo que auia de reposar y descansar de los trabajos passados, se andaua alquilando.
Ainsi comme i'ay compté, me laissa mon	Assi, como he contado, me dexo mi

mon pauvre troisiesme maistre: Où i'acheuay de cónoistre ma mauuaise aduanture, puis que se signalant tout ce qu'elle pourroit cótre moy, faisoit mes afaires tant à rebours, qu'au lieu, que les maistres ont accoustumé d'estre laissez de leurs garçons, en moy ne fust ainsi, mais que mon maistre me laissast & s'enfuit de moy.	mi pobre tercero amo: Do acabe de conocer mi ruyn dicha, pues señalando se todo lo que podria contra mi, hazia mis negocios tan al reues, que los amos que suelen ser dexados delos moços, en mi no fuesse assi, mas que mi amo me dexasse y huyesse de mi.

COMME LAZare prins parti auec vn Moine de la Merci: Et de ce qui lui aduint auec lui.

COMO LAZAro se assento con vn Frayle de la Merced: y de lo que le acaecio con el.

IL me falut chercher le quatriesme,

HVue de buscar el quarto, y

me, & cestui fut vn Moine de la Merci, que les femmelettes que ie dis m'adresserent; lequel elles apelloient parent. Grand ennemi du Chœur, & de miger au Conuent. Perdu, pour courir dehors. Grand ami d'afaires feculieres, & visites: En sorte, que ie pense qu'il vsoit plus de souliers que tout le Conuent.

Cestui me donna les premiers souliers que i'vsay en ma vie, mais ils ne me durerent huit iours ni ne peuz endurer d'auátage son trot. Et pour ceci & pour d'autres chosettes, que

y este fue vn Frayle de la Mercéd, que las mugercillas que digo, me encaminaron, el qual ellas le llamauan pariente. Gran enemigo del Coro, y de comer en el Conuento. Perdido, por andar fuera. Amicissimo de negocios seglares, y visitas: Tanto, que pienso que rompia el mas çapatos, que todo el Conuento.

Este me dio los primeros çapatos, que rompi en mi vida: mas no me duraron ocho dias, ni yo pude có su trote durar mas. Y por esto, y por otras cosillas que

que ie ne dy, ie m'en allay d'auec lui.

COMME LA-
Zare se mit auec vn Bulliste, & des choses qu'il passa auec lui.

PAr mon aduenture ie rencōtraï le cinquiesme, qui fut vn Bulliste. Le plus effronté & eshonté & le plus grād imposeur d'icelles, que iamais ie veis, ni espere veoir, ni pense que personne veit. Pource qu'il auoit & cherchoit modes & manieres & fort subtilles inuentions.

En entrant aux lieux où ils deuoient presenter

que no digo, sali del.

COMO LAZA-
ro se assento con vn Buldero, y de las cosas que con el passo.

EN EL quinto, por mi ventura di; que fue vn Buldero: El mas desembuelto y desuergonçado y el mayor echador dellas que jamas yo vi, ni ver espero, ni pienso nadie vio: Porque tenia y buscaua modos y maneras y muy sotiles inuenciones.

En entrando en los lugares do auian de presentar

presenter la Bulle, premieremēt il presentoit aux Curez ou Presbtres aucunes chosettes, non de grand' valeur ni substance. Vne Laitue Murciane, si c'en estoit le temps. Vne couple de Limons, ou Oranges. Vn Arbricot, vne couple de Pesches, ou chacune fois deux belles Poires.

Ainsi, il procuroit de les auoir propices, afin qu'ils fauorizassent son afaire & exortassent leurs Parroissiens à prendre la Bulle, lui en sçachant bon gré?

Il s'informoit de la sufisance d'iceux. S'ils disoient, qu'ils entendoient

presentar la Bula, primero presentaua a los Clerigos o Curas, algunas cosillas, no tan poco de mucho valor ni sustancia. Vna Lechuga Murciana, si era por el tiempo. Vn par de Limas o Naranjas. Vn Melocoton. Vn par de Duraznos, cada sendas Peras verdiñales.

Assi, procuraua tener los propicios, porque fauoreciessen su negocio y llamassen sus feligreses a tomar la Bula, ofreciendo se le a el las gracias.

Informaua se de la suficiencia dellos. Si dezian que entendian,

I

entendoient, il ne proféroit parolle de latin, pour ne point héſiter; mais ſe ſeruoit d'vn gentil & bien retranché diſcours, & langue deſueloppée. Et s'ils ſçauoiét, que leſdits Preſtres fuſſent des reuerends, ie dis qui ſont pluſtoſt receuz pour de l'argét, que pour leur ſçauoir & merites: Il ſe faiſoit entr'eux vn Sainct Thomas, & parloit deux heures en latin: Au moins, côme il ſembloit, encores qu'il ne le fut	entendian, no hablaua palabra en latin, por no dar tropeçon: Mas aprouechaua ſe de vn gentil y bien cortado romance y deſemboltiſſima lengua. Y ſi ſabian que los dichos Clerigos eran de los reuerendos: Digo, que mas con dineros, que con letras y con reuerédas ſe ordenan; нazia ſe entre ellos vn Santo Thomas y hablaua dos horas en latin, alomenos que lo parecia, aunque no lo era.
Quand ils ne lui prenoient les Bulles par bien, il cherchoit comme ils les prendroiét par mal, &	Quando por bien no le tomauan las Bullas, buſcaua como por mal ſe las tomaſſen, y

& pour ceci faisoit des desplaisirs au peuple, & d'autres fois vsoit de cauteleux artifices.

Pource que tous ceux que ie lui voiois faire seroiēt prolixes à reciter, i'en diray vn fort subtil & facetieux, auec lequel ie prouueray bien sa capacité.

Il auoit presché deux ou trois iours en vn bourg de l'Archeuesché de Tolede, faisant ses acoustumées diligences: Et ils ne lui auoient pris de bulle, ni à ce que ie voyois, n'auoient intention de lui en prendre.

Il estoit donné au Diable auec cela, & pensant

y para aquello hazia molestias al pueblo: y otras vezes con mañosos artificios,

Porque todos los que le veya hazer seria largo de contar, dire vno muy sotil y donoso, con el qual prouare bien su suficiencia.

En vn Lugar de la Sagra de Toledo auia predicado dos o tres dias, haziendo sus acostumbradas diligencias, y no le auian tomado Bula, ni a mi ver tenian intencion de se la tomar.

Estaua dado al diablo con aquello, y pensando
I ij

pensant qu'il feroit se resolut d'inuiter le peuple, pour le lendemain au matin dépescher la bule. Et ceste nuit apres soupper, lui & le Sergent se mirent à joüer la collation, & sur le jeu vindrent à quereller & auoir de mauuaises parolles. Lui appella le Sergent larron, & l'autre l'appella faussaire.	pensando que hazer, se acordo de combidar al pueblo, para otro dia de mañana despedir la Bula. Y essa noche, despues de cenar, pusieron se a jugar la colation el y el Alguazil: y sobre el juego vinieron a reñir y a auer malas palabras. El llamo al alguazil ladron, y el otro a el falsario.
Sur ceci, le Sieur Commissaire mon maistre, print vne halebarde qui estoit en la châbre haute où ils joüoient. Et le Sergét mit la main à son espée, qu'il auoit à la ceinture.	Sobre esto, el señor Comissario mi señor, tomo vn lançon, que en el portal do jugauan estaua. El Alguazil puso mano a su espada, que en la cinta tenia.
Au bruit & cris que	Al ruydo y bozes que

que nous fimes tous les hostes & voisins acoururét & se mirent au milieu. Et eux fort desplaisans taschoiét de se desembarasser de ceux qui estoient au milieu, pour se tuer. Mais côme la compagnie s'acreust au grand bruit, & la maison fust pleine d'icelle: Voiãt qu'ils ne pouuoient s'outrager auec les armes, se disoient parolles iniurieuses. Entre lesquelles le Sergent dit à mon maistre, qu'il estoit faussaire, & que les Bulles qu'il preschoit estoiét fauces. Finalemét, ceux du peuple qui se voioient

que todos dimos, acuden los huespedes y vezinos, y meten se en medio : y ellos muy enojados procurando se de desembaraçar, de los que en medio estauan, para se matar. Mas como la gente al gran ruydo cargasse, y la casa estuuiesse llena della : Viendo que no podian afrentar se con las armas, dezian se palabras injuriosas, entre las quales el Alguazil dixo a mi amo, que era falsario, y las Bulas que predicaua eran falsas.
Finalmente, que los del pueblo viendo

I iiij

oient n'eſtre baſtãts pour les mettre en paix, conuindrent de mener le Sergét en autre endroit de la maiſon. Et ainſi, mon maiſtre demeura fort faſché. Et apres que les hoſtes & voiſins l'éurent prié, qu'il perdiſt l'ennui & ſ'en allaſt dormir: Nous nous couchaſmes tous, ainſi.

La matinée venue, mon maiſtre s'en alla à l'egliſe & commanda de ſonner la Meſſe & le Sermon, pour dépeſcher la Bulle. Et le peuple ſ'aſſembla, lequel alloit murmurant des Bulles, diſant comme elles eſtoiét fauces

endo que no baſtauan para ponellos en paz, acordaron de lleuar al Alguazil de la poſada a otra parte. Y aſſi, quedo mi amo muy enojado: y deſpues que los hueſpedes y vezinos le vuieron rogado, que perdieſſe el enojo y ſe fueſſe a dormir: Aſſi nos echamos todos.

La mañana venida mi amo ſe fue a la ygleſia, y mando tañer a Miſſa y al Sermon, para deſpedir la Bula. Y el pueblo ſe junto, el qual andaua murmurando de las Bulas, diziendo como eran falſas,

fauces, & que le Sergent mesme l'auoit descouuert en querellant. De sorte que, outre ce qu'ils auoient mauuaise fantasie de l'a prendre, auec cela ils l'abhorroient, du tout.

Le Sieur Cômissaire monta au Pulpitre, & commença son sermon & à exhorter les assistants, qu'ils ne demeurassent sans tant de bien & indulgence, cóme la Sainte bulle en portoit.

Estant au meilleur de son sermon, le Sergent entra par la porte de l'eglise: Et apres qu'il eust fait son oraison, se leua, &

falsas, y que el mismo Alguazil riñendo, lo auia descubierto. De manera que atras que tenian mala gana de tomalla, con aquello del todo la aborrecieron.

El Señor Comissario se subio al Pulpito, y comiença su sermon y a animar la gente a que no quedassen sin tanto bien y indulgencia, como la Santa Bula traya.

Estando en lo mejor del Sermon, entra por la puerta de la yglesia el Alguazil: y desque hizo oracion, leuanto se y

I iiij

& auec haute voix & posée, courageu-semét commença à dire: hómes de bien oiez de moï vne pa-rolle, & puis apres vous oirés qui vous voudrés.

Ie suis venu içi auec ce Chasse-corbeau qui vous presche, lequel me trompa & dit: que ie le fa-uorizasse en ce tra-fic, & que nous par-tirions la gangne.

Et maintenant, veu le tort que ie ferois à ma conscience & à vos biens; me re-pentant du fait, ie vous déclare claire-ment: que les bulles qu'il presche, sont fauces; afin que ne le croïés ni les pre-niés.

y con boz alta y pausada, cuerda-mente començo a dezir: Buenos hom-bres, oyd me vna palabra, que de-spues oyres a quien quisieredes.

Yo vine aqui con este echa cueruo, que os predica: El qual me engaño y dixo, que le fauore-ciesse en este nego-cio, y que partiria-mos la ganancia.

Y agora, visto el daño que haria a mi conciencia y a vuestras haziendas, arrepentido de lo hecho, os declaro claramente, que las Bulas que predica, son falsas; y que no le creays ni las to-mays

aiés. Et que ie ne me meſle, directement ni indirectemẽt d'icelles. Et que dés à preſent ie laiſſe la verge, & frappe auec icelle en terre. Afin que ſi quelque iour cettui eſt chaſtié pour la fauceté, vous autres ſoyez teſmoins comme ie ne ſuis auec lui, ni ne lui donne aïde; ains vous oſte d'abus,& vous déclare ſon malfait.
Et acheua ſon diſcours.

Quelques honnorables hommes qui eſtoient là, ſe voulurent leuer, & pouſſer le Sergent hors de l'Egliſe, pour éuiter ſcãdale:
MAIS

meys: y que yo directe ni indirecte no ſoy parte en ellas, y que deſde agora dexo la Vara y doy con ella en el ſuelo: y ſi en algun tiempo eſte fuere caſtigado por la falſedad, que voſotros me ſeays teſtigos, como yo no ſoy con el, ni le doy a ello ayuda; antes os deſengaño, y declaro ſu maldad.
Y acabo ſu razonamiento.

Algunos hombres honrrados que alli eſtauan, ſe quiſieron leuantar, y echar al alguazil fuera de la ygleſia, por euitar eſcandalo:
MAS

I v

Mais mon maistre les print par la main & enjoignit à tous, que sur peine d'excommunication ils ne le destourbassent mais qu'ils le laissassent dire tout ce qu'il voudroit. Et ainsi l'on fit aussi silence, pendant que le Sergent dit tout ce que i'ay dit.	Mas mi amo les fue a la mano, y mando a todos que so pena de excomunion no le estoruassen, mas que le dexassen dezir todo lo que quisiesse: y assi el tambien tuuo silencio, mientras el Alguazil dixo todo lo que he dicho.
Comme il se teut, mon maistre lui demãda s'il en vouloit dire d'auãtage, qu'il le dit.	Como callo, mi amo le pregunto, si queria dezir mas, que lo dixesse.
Le Sergent dit, Il y a bien plus à dire de vous & de vostre fauceté, mais pour l'heure il sufit.	El Alguazil dixo, Harto mas ay que dezir de vos y de vuestra falsedad, mas por agora, basta.
Le Sieur Commissaire se jetta à genoux	El Señor Comissario se hinco de rodillas

genoux au pulpitre, & les mains jointes & regardant au ciel dit ainsi : Seigneur Dieu, à qui aucune chose n'est cachée ains toutes manifestes, & à qui rien n'est impossible ains tout possible : tu sçais la verité, & cóbien iniustement ie suis outragé. En ce qui me touche, ie le pardonne; afin Seigneur, que tu me pardonne.	rodillas en el pulpito, y puestas las manos y mirando al Cielo, dixo assi: Señor Dios, a quien ninguna cosa es escondida antes todas manifiestas, y a quien nada es impossible antes todo possible: tu sabes la verdad, y quan injustamente yo soy afrentado. En lo que a mi toca, yo le perdono, porque tu Señor me perdones.
Ne regarde à celui qui ne sçait ce qu'il fait ni dit, mais ie te supplie & requiers par justice, que tu ne dissimule l'injure à toy faite. Pource qu'aucun qui est içi, qui pensoit paraduanture	No mires a aquel que no sabe lo que haze ni dize, mas la injuria a ti hecha, te suplico y por justicia te pido, no dissimules; porque alguno que esta aqui, que poruentura

nature prendre cette sainte Bulle, donnant crédit aux fauces parolles de cest homme, laissera de le faire. Et puis que c'est vn si grand préjudice du prochain, ie te suplie Seigneur ne le dissimule, mais hastiuemét montre içi miracle, & soit de ceste maniere: Que si ce que cestui dit est veritable & que i'y aporte de la mauuaistié & fauceté, ce Pulpiltre s'abisme auec moy & se mette sept statures dessoubs terre, d'où lui ne moy iamais nous ne sortions. Et s'il est vrai ce que ie dis & que ce persuadé du diable pour

tura penso tomar aquesta santa Bula; dando credito a las falsas palabras de aquel hombre, lo dexara de hazer: y pues es tanto perjuyzio del proximo te suplico yo Señor no le dissimules, mas luego muestra aqui milagro, y sea desta manera: Que si es verdad lo que aquel dize y que yo traigo maldad y falsedad, este pulpito se hunda comigo y meta siete estados debaxo de tierra, do el ni yo jamas parezcamos. Y si es verdad lo que yo digo y aquel persuadido del demonio
por

(pour fruſtrer & priuer ceuxqui ſont preſents de ſi grand bien) dit menterie, il ſoit auſſi chaſtié, & ſa malice cōneüe de tous.	(por quitar y priuar a los que eſtan preſentes de tan grā bien) dize maldad, tambien ſea caſtigado, y de todos conocida ſu malicia.
A peine, le deuot mon ſeigneur auoit acheué ſon oraiſon, quand le noir Sergent chéut de ſon haut & donna vn ſi grand coup en terre qu'il fit réſonner toute l'egliſe. Et cōmença à beugler & jetter eſcumes par la bouche, & l'a tordre, & faire des grimaces auec le geſte, frappant de pied & de main, ſe retournāt ſur la place, tantoſt d'vn coſté, tantoſt d'vn autre.	A penas auia acabado ſu oracion el deuoto ſeñor mio, quando el negro Alguazil cae de ſu eſtado y da tan gran golpe en el ſuelo, que la ygleſia toda hizo reſonar, y començo a bramar y echar eſpumajos, por la boca, y torcella, y hazer viſajes con el geſto; dando de pie y de mano, reboluiendoſe por aquel ſuelo, a vna parte y a otra.
Le	El

Le bruit & cris de la compagnie estoit si grand, qu'ils ne s'oyoient les vns les autres.	El estruendo y bozes de la gente era tan grande, que no se oyan vnos a otros.
Aucuns estoient espouuantez & craintifs. Les vns disoient Le Seigneur le secoure & fauorise. D'autres : Il lui est bien employé, puis qu'il suscitoit vn si faux tesmoignage.	Algunos estauan espantados y temerosos. Vnos dezian: El Señor le socorra y valga. Otros: Bien se le emplea, pues leuantaua tan falso testimonio.
Finalement, aucuns qui estoient lá, & à mon aduis non sans beaucoup de crainte, s'aprochérent & lui retindrent les bras, auec lesquels il donnoit de grãds coups de poing, à ceux qui estoiét autour de lui.	Finalmente, algunos que alli estauan y a mi parecer no sin harto temor, se llegaron y le trauaron de los braços, con los quales daua fuertes puñadas a los que cerca del estauan.
D'autres le tiroient par	Otros le tirauan por

| par les jambes, & curét beaucoup d'affaires, pource qu'il n'i auoit fauce mule au monde, qui tiraſt de ſi roides ruades. Et ainſi le tindrent vn long temps, car plus de quinze hommes eſtoient ſur lui, & à tous dónoit les mains pleines, & ſi ils ſe negligeoient, aux maſchoüeres.

Pendant tout ceçi le Sieur mon maiſtre eſtoit à genoux au pulpitre, les yeux & les mains eſleuez au Ciel, tranſporté en la diuine eſſence. Car le plaintif, rumeur & cris qu'il y auoit en l'egliſe, n'eſtoiét ſufiſants pour le diuertir de ſa diuine | por las piernas, y tuuieron reziamente, porque no auia Mula falſa en el mundo, que tan rezias coces tiraſſe. Y aſſi le tuuieron vn gran rato, porque mas de quinze hombres eſtauan ſobre el, y a todos daua las manos llenas, y ſi ſe deſcuydauan, en los hocicos.

A todo eſto, el Señor mi amo eſtaua en el Pulpito de rodillas, las manos y los ojos pueſtos en el Cielo, traſportado en la diuina eſſencia: que el pláto, y ruïdo, y bozes que en la ygleſia auia, no eran parte para apartalle de ſu diuina |

uine contemplation.

Ces hommes de bien s'aprocherent de lui, & s'escriant le diuertirent & le suplierent de vouloir secourir ce pauure homme qui se mouroit, & qu'il ne regardast aux choses passées ni à ses mauuais dits, puis qu'il auoit desia éu le payemẽt d'iceux. Mais que s'il pouuoit profiter en aucune chose pour le déliurer du peril & tourment qu'il enduroit, il le fist pour l'amour de Dieu. Puis, ils voioient la faute du coulpable manifeste; & la siéne bonté & verité, puis qu'à

uina contemplacion.

Aquellos buenos hombres llegaron a el, y dando bozes le despertaron y le suplicaron quisiesse socorrer a aquel pobre que estaua muriendo: y que no mirasse a las cosas passadas ni a sus dichos malos, pues ya dellos tenia el pago. Mas si en algo podia aprouechar para librar le del peligro y passion que padecia, por amor de Dios lo hiziesse: Pues, ellos veyan clara la culpa del culpado, y la verdad y bondad suya, pues

qu'à sa petition & vangeance, le Seigneur n'auoit diféré le chastiement.	a su peticion y vengança, el Señor no alargo el castigo.
Le Sieur Commissaire (comme celui qui s'esueille d'vn doux somme) les regarda, & regarda le délinquant & tous ceux qui estoient autour, & fort pausémét leur dit: Hommes de bien, n'aduienne jamais à vous autres, de prier pour vn hôme, en qui si admirablement Dieu s'est signalé.	El Señor Comissario (como quien despierta de vn dulce sueño) los miro y miro al delinquente, y a todos los que al rededor estauan, y muy pausadamente les dixo: Buenos hombres, vosotros nunca auiades de rogar por vn hombre, en quien Dios tan señaladamente se ha señalado.
Mais puisqu'il nous commande que ne rendions mal pour mal, & pardónions les injures; auec confiance nous le pourrons	Mas pues el nos manda que no boluamos mal por mal y perdonemos las injurias, con confiança, podremos suplicar

rons suplier, qu'il lui acōplisse ce qu'il nous commande, & que sa Majesté pardonne à celui çi qui l'a ofencé, mettant obstacle en sa sainte foy. Allons tous l'en suplier.	suplicar, que le cumpla lo que nos manda, y su Majestad perdone a este que le ofendio, poniendo en su santa fe obstaculo. Vamos todos a suplicalle.
Et ainsi, descendu du Pulpitre & leur recōmendant qu'ils supliassent fort deuotemēt nostre Seigneur, qu'il eust pour agreable de pardonner à ce pécheur, & le réstituer en sa santé & sain iugement, & expulser de lui le démon, si sa Majesté auoit permis qu'il entrast en lui, pour son grand péché.	Y assi, baxo del Pulpito y encomendo les, que muy deuotamente suplicassen a nuestro Señor, tuuiesse por bien de perdonar a aquel pecador, y boluerle en su salud y sano juyzio, y lançar del el demonio, si su Majestad auia permitido que por su gran pecado en el entrasse.
Tous se prosternerent	Todos se hincaron

rent à genoux, & deuāt l'Autel (auec vne voix basse) cōmencerent à chāter vne Letanie, auec les Presbtres. Et lui, venāt auec la Croix & eau beneiste, apres auoir chanté sur lui; Le Seigneur mon maistre (les mains esleuées au Ciel & les yeux, dōt presque rien n'aparoissoit, smon vn peu de blanc) commença vne oraison, non moins prolixe que deuote : Auec laquelle il fit plorer toute la compagnie (comme l'on a coustume de faire aux sermons de la Passion, d'vn prédicateur & deuot auditoire)
Supliant

ron de rodillas, y delante del Altar, con los Clerigos començauan a cantar con boz baxa, vna letania: y viniendo el, con la cruz y agua bendita, despues de auer sobre el cantado; el Señor mi amo, puestas las manos al Cielo y los ojos, que casi nada se le parecia, sino vn poco de blanco : Comiença vna oracion, no menos larga que deuota, con la qual hizo llorar a toda la gente, como suelen hazer en los sermones de passion de Predicador y auditorio deuoto:
Suplicando

Supliant nostre Seigneur, puis qu'il ne vouloit la mort du pécheur, mais sa vie & contrition : qu'il voulust pardonner & donner vie & salut à ce conduit par le Diable & persuadé de la mort & péché; afin qu'il se repentist & confessast ses péchez.	Suplicando a nuestro Señor, pues no queria la muerte del pecador, sino su vida y arrepentimiento : que aquel encaminado por el demonio y persuadido de la muerte y pecado, le quisiesse perdonar y dar vida y salud, para que se arrepintiesse y confessasse sus pecados.
Et ceçi fait, cómanda aporter la Bulle, & l'a lui mit sur la teste. Et incótinent le pauure Sergent commença petit à petit à estre mieux, & retourner en soy. Et dés qu'il fut bien retourné en son souuenir, il se jetta aux pieds du Sieur Cómissaire	Y esto hecho, mando traer la Bula, y pusose en la cabeça : y luego el pecador del alguazil començo poco a poco a estar mejor y tornar en si. Y desque fue bien buelto en su acuerdo, echose a los pies del Señor Comissario

missaire: Et lui demandant pardon, confessa auoir dit cela, par la bouche & suggestion du diable. L'vn, pour lui faire dómage & se vanger de l'ennui. L'autre & plus principal, pource que le Diable receuroit beaucoup de peine du bien qui se feroit là, en prenant la Bule.	sario: y demandandole perdon, confesso auer dicho aquello, por la boca y mandamiento del demonio. Lo vno, por hazer a el daño y vengarse del enojo. Lo otro y mas principal, porque el demonio recibia mucha pena del bien, que alli se hiziera, en tomar la Bula.
Le Sieur mon maistre lui pardóna, & les amitiez furent faites entr'eux. Et y eust tant de presse à prendre la Bulle, qu'ame viuante ne demeura quasi au Bourg, sans icelle. Mari & femme, & fils & filles, seruiteurs	El Señor mi amo le perdono, y fueron hechas las amistades entre ellos: y a tomar la Bula vuo tanta priessa, que casi anima biuiente en el Lugar, no quedo sin ella? Marido y muger, y hijos y hijas, moços

teurs & seruantes.

La nouuelle de ce qui étoit aduenu, se diuulgua par les lieux paisans, & quád nous y arriuions, il n'estoit besoing de sermon ni d'aller en l'Eglise : Car ils l'a venoient prendre à la maison, comme si c'eussent esté Poires, qui se fussent données *gratis*.

De manière, qu'en dix ou douze Villages des circonuoisins, où nous allasmes, Le Sieur mon maistre distribua autant d'autres mille Bulles, sans prescher sermon.

Quand la preuue se fit, ie confesse mon peché, que i'en fus

ços y moças.

Diuulgo se la nueua de lo acaecido, por los lugares comarcanos: y quando a ellos llegamos no era menester sermon, ni yr a la yglesia: que a la posada la venian a tomar, como si fueran Peras, que se dieran debalde.

De manera, que en diez o doze Lugares, de aquellos al rededores, donde fuymos: echo el Señor mi amo otras tantas mil bulas, sin predicar sermon.

Quando se hizo el ensayo, confiesso mi pecado, que tambien

fus aussi espouuan-
té, & creuz qu'il e-
stoit ainsi, comme
plusieurs autres.
Mais apres que i'éu
véu la farce & risée
que mon maistre &
le Sergent joüoient
& faisoient du tra-
fic, ie conneuz com-
me cela auoit esté
inuenté par l'indu-
strieux & inuentif
de mon maistre. Et
encores que garçó-
net, il me fut fort
agreable, & dis en
moy-mesme: Com-
bien de celles çi, en
doiuent faire ces
mocqueurs, entre le
peuple innocent.

Finalement, ie fus
auec ce mien cin-
quiesme maistre en-
uiron quatre mois,
pendant

tambien fuy dello
espantado, y crey
que assi era, como
otros muchos.
Mas con ver despu-
es la risa y burla
que mi amo y el Al-
guazil lleuauan y
hazian del negocio,
conoci como auia
sido industriado,
por el industrioso
y inuentiuo de mi
amo: y aunque mo-
chacho, cayo me
mucho en gracia,
y dixe entre mi:
Quantas destas de-
uen de hazer estos
burladores entre la
inocente gente?

Finalmente, e-
stuue con este mi
quinto amo, cerca
de quatro meses,
en

pendant lesquels ie soufris aussi plusieurs trauaux.

en los quales passe tambien hartas fatigas.

COMME LAzare se mit auec vn Chapelain, & ce qu'il fit auec lui.

COMO LAZAro se assento con vn Capellan, y lo que con el passo.

APRES ceçi, ie me mis auec vn Maistre Peintre de tambours, pour lui moudre les couleurs: Et soufris aussi mille maux.

DEspues desto, assente con vn Maestro de pintar Panderos, para mollelle los colores, y tambien sufri mil males.

Estant desia alors bon garçonnet, entrant vn jour en la grand' Eglise, vn Chapelain d'icelle me reçeust pour sien, & mit en mon pouuoir vn bon Asne & quatre Cruches & vn foët, & començay

Siendo ya en este tiempo buen moçuelo, entrado vn dia en la yglesia mayor, vn Capellan della me recibio por suyo, y puso me en poder vn buen Asno y quatro Cantaros, y vn açote: y comence

commençay à porter de l'eau parmi la Ville.	comence a echar agua por la ciudad.
Cettui fut le premier eschelon que ie montay, pour venir attaindre à la bonne vie: Car ma bouche estoit mesurée.	Este fue el primer escalon que yo subi, para venir a alcançar buena vida: Porque mi boca, era medida.
Chacun iour, ie faisois profit á mon maistre, de trente marauedis. Et les Samedis, ie gãgnois pour moy: Et par la semaine, tout le surplus des trente marauedis.	Daua cada dia a mi amo, treynta marauedis ganados y los Sabados, ganaua para mi, y todo lo de mas entre semana de treynta marauedis.
Il me fut si bien en cest office, qu'au bout de quatre ans que ie le pratiquay, auec ce que ie mis bon ordre au gain; i'espargnaï pour me vestir	Fue me tam bien en el oficio, que al cabo de quatro Años que lo vse, con poner en la ganancia buen recaudo, ahorre para me vestir

K

vestir fort honnorablemét, de la Friperie. En laquelle, i'acheptay vn vieux juppon de futaine, & vn saye rase à manches ouuertes & porte, & vne Cape qui auoit esté frisée, & vne espée des vieilles premieres de *Cuellar*.

Dés que ie me veis en habit d'homme de bien, ie dis à mon maistre, qu'il print son Asne: Car ie ne voulois plus suiure cet ofice.

COMME LA-Zare se mit auec vn Sergent, & de ce qui lui aduint auec lui.

Dépesché

vestir muy honrradamente de la ropa vieja: De la qual, compre vn jubon de fustan viejo, y vn sayo raydo de manga trançada y puerta, y vna capa que auia sido frisada, y vna espada de las viejas primeras de Cuellar.

Desque me vi en habito de hombre de bien, dixe a mi amo se tomasse su Asno, que no queria mas seguir aquel oficio.

COMO LAZAro se assento con vn Alguazil, y de lo que le acaecio con el.

Despedido

Despesche du Chapelain, ie me mis, pour homme de justice, auec vn Sergent: Mais ie demeuray fort peu auec lui, pour m'en sembler l'office dangereuse. Mesmemét qu'vne nuit quelques retirez en franchise, poursuiuirent mon maistre & moi à coups de pierres & bastons, & traiterét mal mon maistre, que i'attends: Mais ils ne me péurent ataindre.

Pour ceçi, ie reniay la pratique. Et pensant quelle vacatió i'eslirois, pour auoir soulagement & gangner quelque chose pour la vieillesse

Despedido del capellan, assente, por hombre de justicia, con vn Alguazil: Mas muy poco biui con el, por parecer me oficio peligroso: Mayormente que vna noche nos corrieron a mi y a mi amo a pedradas y a palos vnos retraydos, y a mi amo, que espero, trataron mal: Mas a mi no me alcançaron.

Con esto, reniegue del trato, y pensando en que modo de biuir haria mi assiento, por tener descanso y ganar algo para la vejez,

k ij

lesse, Dieu voulut m'illuminer & mettre en chemin & adresse profitable. Et auec la faueur que i'euz d'amis & Seigneurs, tous mes trauaux & fatigues iusques alors passez furent payez, obtenant ce que ie pourchassay : qui fut vn ofice Royal. Voiant qu'il n'i a personne qui gangne, sinon ceux qui en ont.	jez, quiso Dios alumbrar me y poner me en camino y manera prouechosa : y con fauor que tuue de amigos y señores, todos mis trabajos y fatigas hasta entonces passados, fueron pagados con alcançar lo que procure, que fue vn oficio Real: Viendo, que no ay nadie que medre, sino los que le tienen.
Duquel Office, ie m'entretiés & vis le iour d'auiourd'hui, au seruice de Dieu & de vous, Monsieur. Et c'est que i'ay charge de crier les vins qui se vendent en ceste ville, & les ventes par Iustice, &	En el qual, el dia de oy yo biuo y resido, a seruicio de Dios y de vuestra mercèd. Y es, que tengo cargo de pregonar los vinos que en esta Ciudad se venden, y en almonedas y

& choses perdues.
D'accōpagner ceux
qui sont punis par
Justice, & declarer
à haute voix leurs
crimes. Crieur juré,
parlant en bon lan-
gage.

Il m'a si bien suc-
cedé & ie l'ay exer-
çé si facilement, que
presque toutes les
choses concernant
l'ofice, passent par
ma main. Tellemét,
qu'en toute la Ville,
celui qui doit expo-
ser du vin en vente,
ou quelque chose:
Si Lazare de Tor-
mes n'i entend, ils
font estat de n'en ti-
rer profit.

En ce temps, le Si-
eur Archipreſbtre
de S. Sauueur, mon
seigneur

nedas y cosas perdi-
das. Acompañar los
que padecen perse-
cuciones por justi-
cia, y declarar a bo-
zes sus delitos. Pre-
gonero, hablando
en buen romance.

Ha me succedido
tan bien y yo le
he vsado tan facil-
mente, que casi to-
das las cosas al ofi-
cio tocantes, passan
por mi mano: Tan-
to, que en toda la
Ciudad, el que ha
de echar vino a ven-
der, o algo: Si Laza-
ro de Tormes no en-
tiende en ello, ha-
zen cuenta, de no
sacar prouecho.

En este tiempo,
viendo mi habili-
dad y buen biuir,
teniendo

K iij

seigneur & vostre
seruiteur & ami,
monsieur; Voyant
ma capacité & bon
mesnage, ayant cõ-
noissance de ma per
sonne, pource que
ie lui criois ses vins,
Pourchassa de me
marier auec vne si-
enne seruante.
Et veu par moi, que
de telle personne ne
me pouuoit venir,
sinon bien & faueur
i'acordaï de le faire.
Et ainsi me mariay
auec elle, & iusqu'à
maintenãt ne m'en
suis repenti. Car ou-
tre qu'elle est bonne
fille & de diligent
seruice, i'ay en mon-
sieur l'Archiprestre
toute faueur & aide
& tousiours auau-
l'An,

teniendo noticia de
mi persona el señor
Arcipreste de Sant
Saluador mi Señor
y seruidor y amigo
de vuestra mercèd,
porque le pregona-
ua sus vinos, pro-
curo casarme con
vna criada suya.

Y visto por mi, que
de tal persona no
podia venir sino bi-
en y fauor, acor-
de de lo hazer. Y
assi me case con e-
lla, y hasta agora
no estoy arrepen-
tido: Porque allen-
de de ser buena hi-
ja y diligente ser-
uicial, tengo en mi
Señor Arcipreste,
todo fauor y ayu-
da, y siempre en el
Año,

l'An lui donne par fois enuiron vne charge de froment. Pour les Pasques, sa chair; & quelques fois vne couple de pains. Les vieilles chausses qu'il laisse: Et nous fit loüer vne maisonnette, pres de la sienne.	Año le da en vezes al pie de vna carga de Trigo. Por las Pascuas, su carne: y quando, el par de los bodigos. Las calças viejas que dexa, y hizo nos alquilar vna casilla, par de la suya.
Les Dimanches & casi toutes les festes, nous mangions en sa maison. Mais les mauuaises langues, qui iamais ne faudront; ne nous laisserent viure, disant ie ne sçay quoy, & si le sçay : Qu'ils voioient ma femme lui aller faire son lit, & lui aprester à manger. Et Dieu leur aide mieux, qu'ils ne dient	Los Domingos y Fiestas, casi todas las, comiamos en su casa. Mas malas lenguas que nunca faltaron, no nos dexan biuir, diziendo no se que, y si se: Que veen a mi muger yr le a hazer la cama y guisalle de comer. Y mejor les ayude Dios, que ellos dizen

| dient la verité. Car outre ce qu'elle n'est femme qui se paye de ces mocqueries, mõsieur m'a promis ce que ie pense qu'il acomplira. | dizen la verdad. porque, allende de no ser ella muger, que se pague destas burlas, mi señor me ha prometido, lo que pienso cumplira. |

Car il parla à moy vn jour fort amplement deuant elle, & me dit : Lazare de Tormes, qui a à regarder aux dits des mauuaises langues, ne gagnera iamais. Ie dis ceçi, pource que ie ne m'esmerueillerois qu'aucun murmurast, voyant entrer ta femme en ma maison & sortir d'icelle. Elle y entre fort à ton honneur & au sien, & ie te promets ceçi.

Partant, ne regarde à ce

Que el me hablo vn dia muy largo delante della, y me dixo : Lazaro de Tormes, quien ha de mirar a dichos de malas lenguas, nunca medrara. Digo esto, porque no me marauillaria alguno murmurasse, viendo entrar en mi casa tu muger, y salir della. Ella entra muy a tu honrra y suya, y esto te lo prometo.

Por tanto, no mires a lo

à ce qu'ils peuuent dire, sinon à ce qui te touche, ie dis à ton profit.

Monsieur (lui dis ie) i'ay résolu de m'apuier aux bons. Il est vraï qu'aucuns de mes amis m'ont dit quelque chose de ceçi, & encores par plus de trois fois m'ont certifié, qu'auant qu'elle fut mariée auec moy, elle auoit enfanté trois fois : Parlant, auec vn respect, pource qu'elle est deuant vous.

Alors ma femme fit des serments sur soy, que ie pensay que la maison s'abismeroit, auec nousautres. Et apres se print

a lo que pueden dezir, sino a lo que te toca, digo a tu prouecho.

Señor (le dixe) yo determine de arrimar me a los buenos. Verdad es, que algunos de mis amigos me han dicho algo desso, y aun por mas de tres vezes me han certificado, que antes que comigo casasse, auia parido tres vezes: Hablando, con reuerencia de V. M. Porque esta ella delante.

Entonces mi muger echo juramentos sobre si, que yo pense la casa se hundiera con nosotros : y despues tomo se

se print à pleurer & à jetter mille maledictions sur qui l'auoit mariée auec moy. En telle maniere, que i'eusse voulu estre mort, auant que ceste parolle me fut sortie de la bouche.

Mais moy d'vn côté & Monsieur de l'autre, lui dismes tant & octroiasmes, que son pleur cessa: moiennant serment que ie lui fis, de iamais plus en ma vie lui mentir rien de ceci: Et que i'estois bien aise & trouuois bon, qu'elle y entrast & en sortit, de nuit & de iour, puis que i'étois bien seur de sa bonté.

Et

tomo se a llorar y a echar mil maldiciones sobre quien comigo la auia casado. En tal manera, que quisiera ser muerto, antes que se me vuiera soltado aquella palabra de la boca.

Mas yo de vn cabo y mi Señor de otro, tanto le diximos y otorgamos, que cesso su llanto: Con juramento que le hize, de nunca mas en mi vida mentalle nada de aquello: y que yo holgaua y auia por bien, de que ella entrasse y saliesse de noche y de dia, pues estaua bien seguro de su bódad.

Y

Et ainsi nous demeu-
rasmes tous trois
bien d'acord.
Iusques à ce iour-
d'hui, iamais per-
sonne ne nous a ouï
debattre sur le cas,
ains quand ie sents
qu'aucun me veut
dire quelque chose
d'elle, ie l'interrompts
& lui dis: Regardez,
si vous estes mon a-
mi, que ne me disiés
chose auec quoy ie
me fasche: Car ie ne
repute pour mon a-
mi, celui qui me fait
fascher. Specialement, s'ils me veulét
mettre en discord
auec ma femme, qui
est la chose du mon-
de que i'aime plus,
& aime plus que
moï. Et Dieu me fait
auec

Y assi quedamos to-
dos tres bien con-
formes.
Hasta el dia de oy,
nunca nadie nos
oyo sobre el caso;
antes quando al-
guno siento, que
quiere dezir algo
della, le atajo y
le digo: Mira, si
soys mi amigo, no
me digays cosa con
que me pese : Que
no tengo por mi
amigo al que me
haze pesar: Mayor-
mente, si me quie-
ren meter mal con
mi muger, que es
la cosa del mundo
que yo mas quiero,
y la amo mas que a
mi: y me haze Dios
con

auec elle mille graces, & plus de bien que ie ne merite. Car ie iureray sur l'hostie consacrée, qu'elle est aussi bonne femme, comme aucune qui demeure en l'enclos de Tolede. Et qui m'en dira autre chose, ie me tueray auec luy. Tellement qu'ils ne me disent rien, & que i'ay paix en ma maison.

Ceci aduint en la mesme année que nostre victorieux Empereur entra en ceste insigne Ville de Tolede, & y tint les Cours, & se firent grandes resioüissances & festes, comme vous aurés ouy

con ella mil mercedes, y mas bien que yo merezco: que yo jurare sobre la hostia consagrada, que es tan buena muger, como biue dentro de las puertas de Toledo : y quien otra cosa me dixere, yo me matare con el. Desta manera, no me dizen nada, y yo tengo paz en mi casa.

Esto fue el mismo Año, que nuestro victorioso Emperador en esta insigne Ciudad de Toledo entro y tuuo en ella Cortes, y se hizieron grádes regoijos y fiestas, como vuestra merced aura oydo.

oüi dire, monsieur.　　aura oydo.

LAZARE DIS-
court, de l'amitié que
il eust à Tolede auec
quelques Alemans:
Et ce qu'il faisoit a-
uec eux.

DA CVENTA
Lazaro de la amistad
que tuuo en Toledo,
con vnos Tudescos: Y
lo que con ellos passa-
ua.

POur lors i'estois en ma prosperité, & au comble de toute bonne fortune. Et comme i'allois tousiours garni d'vne bonne escuelle de quelques bons fruits qui croissent en ce païs, pour mótre de ce que ie criois, i'acquis tant d'amis & Seigneurs, tant naturels du lieu qu'estrâgers; que par tout ou i'allois, il n'i auoit pour moi de porte

EN este tiempo, estaua en mi prosperidad y en la cumbre de toda buena fortuna. y como yo siempre anduuiesse acópañado de vnos buenos frutos que en esta tierra se crian, para muestra de lo que pregonaua; Cobre tantos amigos y Señores, assi naturales como estrangeros, que do parte que llegaua, no auia para mi puerta

| de porte fermée. Et me veis favorizé de telle sorte, qu'il me semble, que si j'eusse tué alors un homme ou me fust advenu quelque étrange accident; l'eusse trouvé tout le monde de mon parti, & eusse éu, en ces miens seigneurs, toute faveur & secours. Et aussi, ie ne leur laissois iamais sécher la bouche: Les menát auec moy au meilleur vin que i'eusse publié par la Cité. Où nous faisions la bonne & plantureuse vie & chere. Là nous aduint plusieurs fois d'entrer, moiénant nos pieds Et sortir, moiénant ceux | puerta cerrada. Y en tanta manera me vi favorecido, que me parece si entonces matara vn hombre o me acaeciera algun caso rezio, hallara a todo el mondo de mi bando, y tuuiera en aquellos mis señores todo fauor y socorro. Mas yo nunca los dexaua boquisecos, queriendo los lleuar comigo a lo mejor que yo auia echado en la Ciudad, a do haziamos la buena y esplendida vida y xira. Alli nos acontecio muchas vezes entrar en nuestros pies, y salir en agenos |

ceux d'autrui. Et le meilleur de ceci est, que maudit le denier que Lazare de Tormes despendit, ni qu'ils lui consentirent despendre, en tout ce temps. Ains, si aucune fois (d'industrie) ie mettois la main à la bource, faignāt vouloir païer l'escot; Ils le prenoient pour afront, & me regardoient auec quelque cholere, & disoient: *Nite, nite, asticot, lanz:* Me reprenant, en disant : Qu'où ils estoient, personne ne deuoit payer vn seul denier.

A cause de ceci, ie me mourois des amours de telle gent:
Car

agenos. Y lo mejor desto es, que todo este tiempo, maldita la blanca Lazaro de Tormes gasto, ni se la consentian gastar. Antes, si alguna vez yo de industria echaua mano a la bolsa, fingiendo querer lo pagar, tomauan lo por afrenta, y mirauan me con alguna ira, y dezian: *Nite, nite, asticot, lanz:* Reprehendiendo me, diziendo: Que do ellos estauan, nadie auia de pagar blanca.

Yo con aquello, moria me de amores de tal gente.
Porque

Car non seulement ceçi, mais ils m'emplissoiét le giron & le sein, de tranches de chair ou poisson salé, de morceaux de jambes de mouton (cuittes en ces vins cordiaux, auec beaucoup de fine espice) et de reliefs de salé, & de pain; Chacune fois que nous nous rencontrions. Tellement que i'auois en ma maison dequoï mãger, moi & ma femme; iusques à sufire pour vne semaine entiere.

Ie me souuenois en ces bonnes cheres de mes famines passées, & loüois le Seigneur & le remerciois,

Porque no solo esto, mas de perniles de tocino, pedaços de piernas de carnero (cozidas en aquellos cordiales vinos, con mucha de la fina especia) y de sobras de cecinas y de pan, me henchian la falda y los senos, cada vez que nos juntauamos: que tenia en mi casa de comer yo y mi muger, hasta hartar vna semana entera.

Acordaua me en estas harturas de las mis hambres passadas, y alabaua al Señor y daua le gracias,

merciois, dequoy les choses & les téps changent. Mais, cóme dit le Prouerbe: *Qui bien te fera, ou s'en ira d'auec toy, ou mourra*: Il m'en aduint ainsi. Car la grand Court se changea, comme elle a acoustumé de faire. Et au départir, ie fus fort requis par ces miens gráds amis, de m'en aller auec eux: Et qu'ils me défrairoient & fauoriseroient.

Mais me resouuenant du Prouerbe, qui se dit: *Plus vaut le mal conneu, que le bien à connoistre*: Les remerçiant de leur bône volonté, auec plusieurs embrassements

cias, que assi andan las cosas y tiempos. Mas como dize el refran: *Quien bien te hara, o se te yra, o se morira*; Assi me acaecio: Que se mudo la gran Corte, como hazer suele. Y al partir, fuy muy requirido de aquellos mis grandes amigos, me fuesse con ellos: y que me harian y acontecerian.

Mas acordandome del prouerbio, que se dize: *Mas vale el mal conocido, que el bien por conocer*: Agradeciendo les su buena voluntad, con muchos abraços

L

ments & tristesse, ie me dépeschaï d'eux. Et certes si ie n'eusse esté marié, ie n'eusse laissé leur cópagnie: pource que c'estoiét des gens, fort à mon goust & de ma condition, & la vie desquels est agreable.
Non fantastiques, ni présumptueux.
Sans scrupulle, ni ambassade, pour entrer en quelque Cabaret : le chappeau osté, si le vin le mérite. Gens, riches & honorez, & tels & si bien pourueuz, que Dieu ne me les adresse pires, quand i'auray grand soif.
Mais l'amour de ma femme & de la patrie (que ie repute ja pour

ços y tristeza, me despedi dellos. Y cierto, si casado no fuera, no dexara su compañia : Por ser gente, hecha muy a mi gusto y condicion : y es vida graciosa la que viuen.
No fantasticos, ni presuntuosos.
Sin escrupulo, ni asco, de entrar se en qualquier bodegon la gorra quitada, si el vino lo merece. Gente llana y honrrada, y tal y tambien proueyda, que no me la de Dios peor, quando buena sed tuuiere.
Mas el amor de la muger y de la patria (que ya por mi

ja pour mienne, puis que l'on demande homme, d'où estes vous) m'arestérent. Et ainsi ie demeuraï en cette Ville, auec grand regret de la perte de mes amis & de la vie courtisanne, encores que ie fusse fort conneu des citoïens d'icelle.

Ie fus fort à mon plaisir, auec acroissement d'alegresse & lignage, pour la naissance d'vne fort belle fille que ma femme enfanta, en ces entrefaites.
Et encores que i'en eusse aucun soupçon, elle me jura qu'elle estoit mienne. Iusqu'à ce qu'il sembla à la Fortune qu'elle

mia tengo, pues como dizen: De do eres hombre) tiraron por mi: y assi me quede en esta Ciudad, aunque muy conocido de los moradores della, con mucha soledad de los amigos y vida cortesana.

Estuue muy a mi plazer, con acrecentamiento de alegria y linaje, por el nacimiento de vna muy hermosa niña, que en estos medios mi muger pario.
Que aunque yo tenia alguna sospecha ella me juro que era mia. Hasta que a la Fortuna le parecio, auer

L ij

qu'elle m'auoit beaucoup oublié, & qu'il estoit raisonnable qu'elle retournát me montrer son cholere & seuere visage cruel, & qu'elle arrosast ce peu d'années de sauoureuse & fortunée vie, auec autant d'autres, de trauaux & mort amere.

O grand Dieu! Et qui pourra escrire vne infortune tant miserable & vn accident si infortuné, qui ne laisse chomer l'ancrier, mettant la plume à ses yeux?

FIN.

auer me mucho oluidado, y ser justo tornar me a mostrar su ayrado y seuero gesto cruel, y aguar me estos pocos Años de sabrosa y descansada vida, con otros tantos de trabajos y amarga muerte.

O gran Dios! Y quien podra escreuir vn infortunio tan desastrado, y acaecimiento, tan sin dicha; que no dexe holgar el tintero, poniendo la pluma a sus ojos!

FIN.

FAVTES SVRVENVES
en l'impression de ce liure.

Page 12. ligne 5. de la colonne françoise. Au lieu de *confissa*, lisez *confessa*.

Page 16, lignes 19 & 20 de la colonne françoise. Au lieu de *mandilles*, lisez *Housses*.

Page 19, ligne 22 de la colonne françoise. Au lieu de *recommande* lisez *recommanda*.

Page 44, lignes 6, 7, 8, de la colonne françoise. Au lieu de lire *il se tournoit en moust, & ce qui lui eust attouché*, Lisez *il se tournoit en moust. Parquoy d'iceluy & de ce qui lui auois touché il accorda* &c.

Page 114, ligne 2, & 3, de la colonne françoise. Au lieu de *Prestre* lisez *Escuyer*.

Page 118, ligne 12 de la colonne espagnolle. Au lieu de *junro*, lisez *junto*.

Page 140, lignes 22 & 24 de la colonne françoise. Au lieu des mots *ils. ils.* lisez ceux de *elles. elles*

AV LECTEVR, Salut.

AMi Lecteur, tu excuseras, s'il te plaist les autres fautes (qui ne peuuét estre prouenues que de mon ignorance, ou de l'impatience de ne reueoir ma copie, & l'a rescrire) an consideration du Prouerbe vulgaire, *Tous aprentis ne sont pas maistres.* Que i'ay desia reconneu, sans que tes desdains me le represente.

A Dieu.

www.ingramcontent.com/pod-product-compliance
Lightning Source LLC
Chambersburg PA
CBHW071935160426
43198CB00011B/1413